目录
CONTENTS

迷你小食物

"哇！好想吃掉它哦！超小、超可爱！"
我仿佛已经听到这样的声音了。
一针一线地用不织布制作大家喜欢的小食物，
只有手指那么大，看着却跟真的似的。
找到你最想吃的美味食品，享受制作过程吧。

备受小朋友们欢迎的儿童套餐。
蛋包饭可是必备的哦，还有牛肉饼和炸薯条……
甜点是苹果和布丁。再配上漂亮的盘子就完成了。

Miniature Foods 🍴

儿童套餐

1 儿童套餐

制作方法见
第49页

蛋包饭

汉堡牛肉饼

苹果

宽薯条

布丁

托盘

西兰花

Kids Platter

Miniature Foods 🍴

日本寿司

盒里放了1人份的日本寿司，其中包括2种手卷。日本寿司饭的立体感和鱼片的色彩搭配，显得特别好吃。虾和金枪鱼的刺绣是一大亮点哦。

2 日本寿司
✿制作方法见
第38页

Sushi

大虾

金枪鱼
寿司卷

鸡蛋寿司

墨鱼寿司

金枪鱼

黄瓜寿司卷

海胆寿司

叶兰

寿司盒

4

3 点心
* 制作方法见
第40页

蓬松的肉包子，蒸笼里刚刚蒸熟的烧麦、饺子，
刚炸好的春卷，都是热腾腾的点心哦。烧麦皮上
的褶和小碟的制作是整个作品的亮点哦。

肉包子

饺子

蒸笼

烧麦

小碟

春卷

Dim Sums

5

面包工坊

从最普通的面包到硬硬的、脆脆的法式面包和牛角面包，香气满溢的巧克力卷面包和豆沙包，还有美味诱人的三明治，统统都装进篮子里⋯⋯

4 面包工坊

❀制作方法见第41页

Bakery

面包

法式面包

牛角面包

巧克力卷面包

香肠卷

豆沙包

菠萝包

蔬菜三明治

火腿奶酪三明治

最方便又最受小朋友欢迎的菜单之一就是汉堡套餐了。软塌塌的奶酪看着就觉得馋!一边吃薯条,一边聊天可真开心!

5 汉堡套餐

❀ 制作方法见第44页

汉堡包

托盘

果汁

法式薯条

餐巾纸

hamburger

8

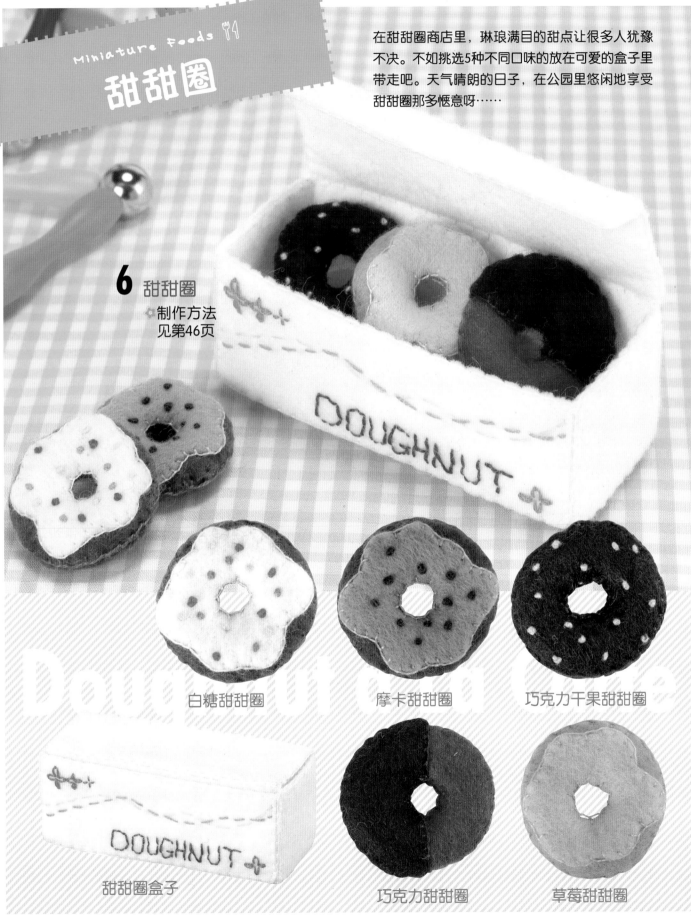

甜甜圈

在甜甜圈商店里，琳琅满目的甜点让很多人犹豫不决。不如挑选5种不同口味的放在可爱的盒子里带走吧。天气晴朗的日子，在公园里悠闲地享受甜甜圈那多惬意呀……

6 甜甜圈
❀制作方法
见第46页

白糖甜甜圈

摩卡甜甜圈

巧克力干果甜甜圈

甜甜圈盒子

巧克力甜甜圈

草莓甜甜圈

开心派对

和家人、亲戚、朋友一起过一个开心的派对吧。摆上一些与众不同的菜品，可以为你的派对增色不少呢。

7 开式三明治
和托盘
❖制作方法见第50页

8 小碟
❖制作方法
见第56页

开式三明治A
（番茄&奶酪）

开式三明治B
（奶酪&咸鲑鱼子）

举起香槟酒杯，大家干杯吧！一边
品尝美味的开式三明治，一边和朋
友聊天，在主菜——烤鸡和炒饭之
后，还有蛋糕和饼干。不如玩玩游
戏，认识更多的朋友吧。

10

托盘

9 香槟酒瓶
❖制作方法
见第54页

CHAMPAGNE

香槟酒杯
❖制作方法见
第55页

Christmas

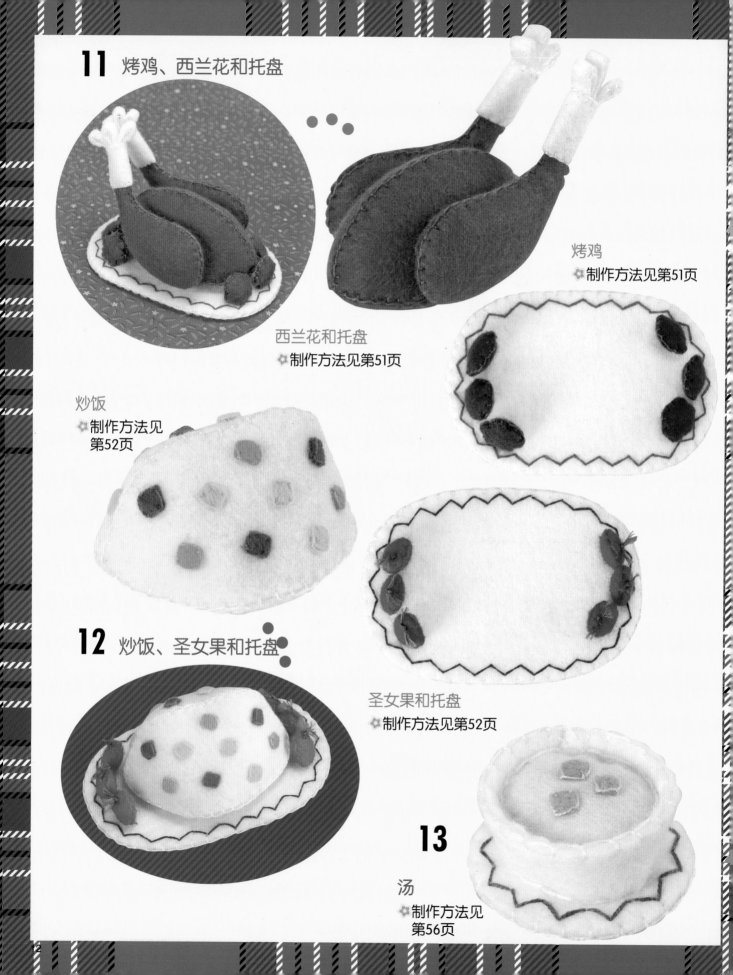

11 烤鸡、西兰花和托盘

烤鸡
❀制作方法见第51页

西兰花和托盘
❀制作方法见第51页

炒饭
❀制作方法见
第52页

12 炒饭、圣女果和托盘

圣女果和托盘
❀制作方法见第52页

13

汤
❀制作方法见
第56页

14 树根蛋糕、树
根蛋糕托盘

树根蛋糕
❖制作方法见第54页

树根蛋糕托盘
❖制作方法见第54页

15 蜡烛
❖制作方法见第56页

生姜小人饼干
❖制作方法见
第53页

树形饼干
❖制作方法见第53页

棋盘形饼干
❖制作方法见第53页

16 饼干和饼干篮

饼干篮
❖制作方法见
第53页

万圣节

Halloween

"给糖果，不然就捣乱了哦！"万圣节的时候扮成可爱的小鬼到附近邻居家要糖果。夜晚的街道中，连南瓜都在笑。

17
南瓜怪物
❀制作方法见第58页

18 点心篮
❀制作方法见
第58页

背后带有别针

19
南瓜气球
❀制作方法见第59页

22
男孩子
❀制作方法见第65页

21
女孩子
❀制作方法见第64页

20
蝙蝠气球
❀制作方法见第59页

23 糖果
❀ 制作方法见第60页

24 饼干
❀ 制作方法见第60页

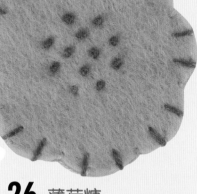

25
巧克力块
❀ 制作方法见
第60页

26 薄荷糖
❀ 制作方法见第61页

28 牛奶巧克力
❀ 制作方法见第61页

27
棒棒糖
❀ 制作方法见第59页

16

生日蛋糕

29 生日蛋糕、巧克力牌子

生日蛋糕
❖制作方法见第47页

制作方法见第47页

巧克力牌子
❖制作方法见第47页

制作方法见第47页

HAPPY BIRTHDAY

Birthday

生日快乐！无论年龄多大，过生日都是最高兴的事情。拿上草莓装饰的蛋糕，和家人、朋友一起度过愉快的时光吧！

蛋糕切块

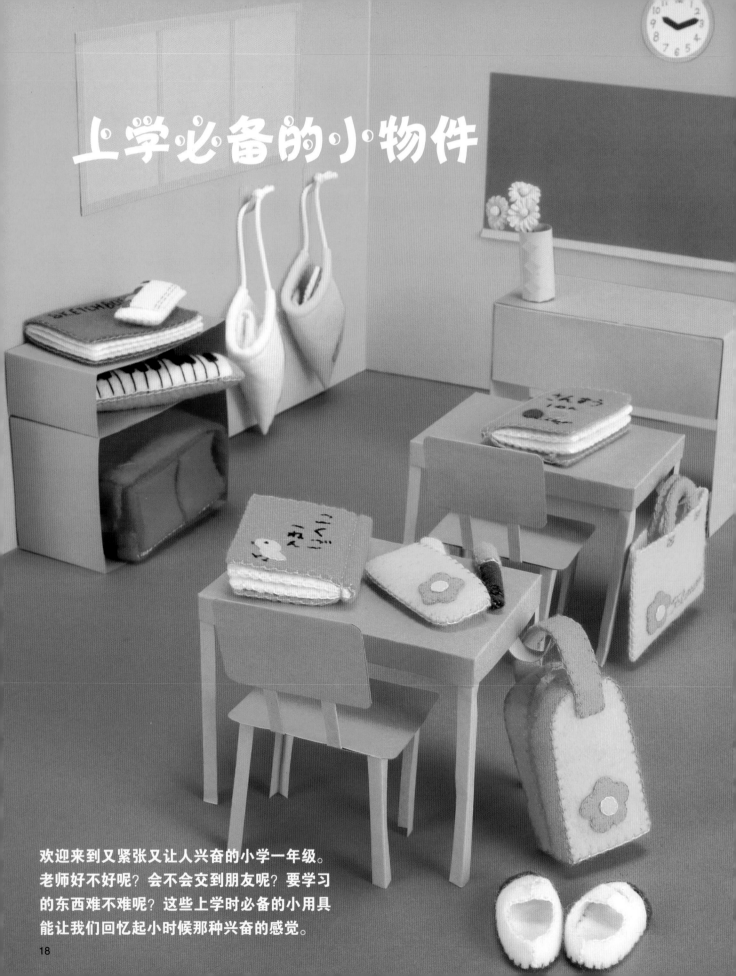

上学必备的小物件

欢迎来到又紧张又让人兴奋的小学一年级。
老师好不好呢？会不会交到朋友呢？要学习
的东西难不难呢？这些上学时必备的小用具
能让我们回忆起小时候那种兴奋的感觉。

30 双肩背包

❀制作方法见第68页

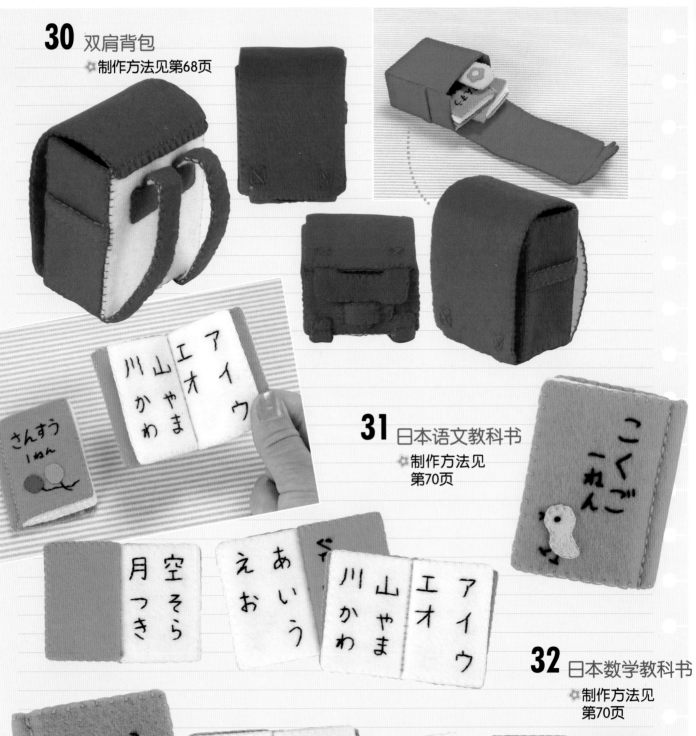

31 日本语文教科书

❀制作方法见
第70页

32 日本数学教科书

❀制作方法见
第70页

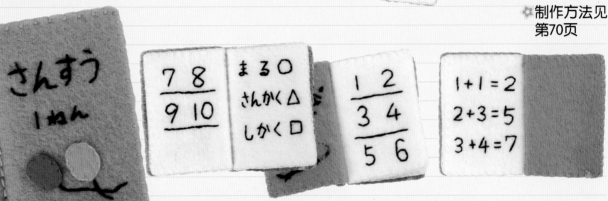

33 拖鞋
❖制作方法见
第73页

34 拖鞋袋
❖制作方法见
第73页

35 手提包
❖制作方法见
第76页

37 铅笔
❖制作方法见
第75页

Flower

36 铅笔袋
❖制作方法见第75页

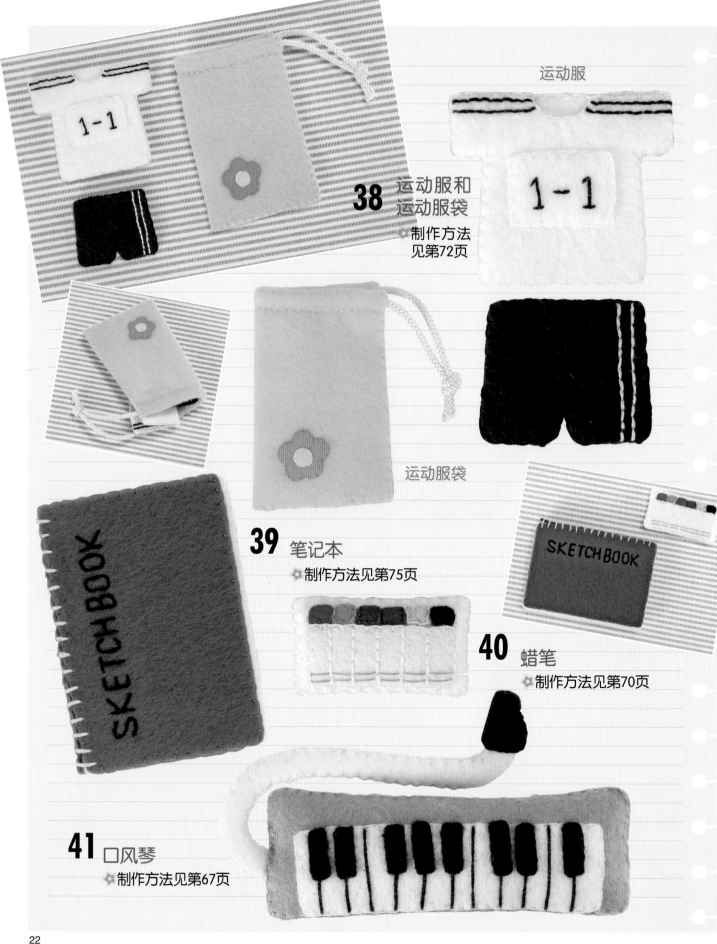

运动服

1-1

38 运动服和
运动服袋
制作方法
见第72页

运动服袋

39 笔记本
制作方法见第75页

SKETCH BOOK

SKETCH BOOK

40 蜡笔
制作方法见第70页

41 口风琴
制作方法见第67页

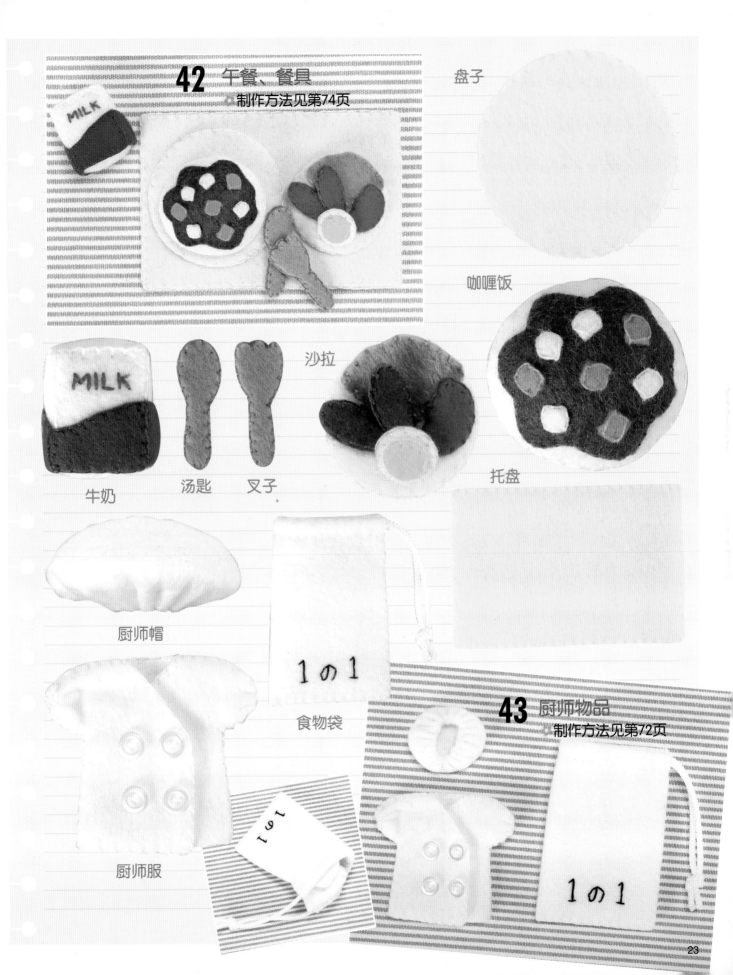

42 午餐、餐具
✿制作方法见第74页

盘子

咖喱饭

沙拉

MILK

汤匙　叉子

托盘

牛奶

厨师帽

食物袋

1 の 1

43 厨师物品
✿制作方法见第72页

厨师服

1 の 1

1 の 1

和宠物一起享受
快乐时光
Playing With Pet

和可爱的宠物一起玩玩具，带着它去散步，

哄它睡觉……

给它们戴上时尚的披肩和帽子也很合适哦。

就算家里不让养宠物，这些小玩意儿肯定不

在限制范围内。

保证孩子们都会喜欢！

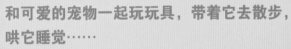

49 骨头
❀制作方法见第80页

46 床
❀制作方法见
第79页

48
玩具球
❀制作方法见第81页

44
小狗
❀制作方法见第78页

50
兔子
❀制作方法见
第80页

47 垫子
❀制作方法见
第82页

45 衣架
❀制作方法见第81页

51 玩具盒
❀制作方法见第79页

53

漂亮小包（可用来清理狗的粪便）

❀制作方法见第80页

55

狗粮盆

❀制作方法见第81页

52

牵引绳

❀制作方法见第80页

54 狗粮袋

❀制作方法见第81页

BUS

57 帽子
❀制作方法见第82页

56 披肩
❀制作方法见第82页

窗边的小盆景

在房间中用绿色来点缀，可以使人心情放松。
比如常春藤、幸福树和仙人掌，等等，将这些常
见的植物尝试用不织布做出来吧。
这么可爱，作为礼物送人一定大受欢迎。

Mini Plants on the Windowsill

58 仙人掌A
❀制作方法见第86页

59 仙人掌B
❀制作方法见第86页

60 多种仙人掌盆栽
❀制作方法见第87页

61 报春花
❀制作方法见第85页

62 竹子
❀制作方法见
第90页

63 常春藤
❀制作方法见第88页

64 幸福树
❀制作方法见第89页

森林里的蛋糕坊

今天是森林里商场开门的第一天。小兔子开的蛋糕房人气很高，要早点出门哦！全都是刚出炉的蛋糕耶，看着都很好吃，真不知道应该买哪一个了。

Patisserie in the Forest

66 兔子
❖ 制作方法见
第94页

65 小熊
❖ 制作方法见第94页

森林里的蛋糕坊

Sweets

67 迎客牌
❖ 制作方法见
第95页

Welcome

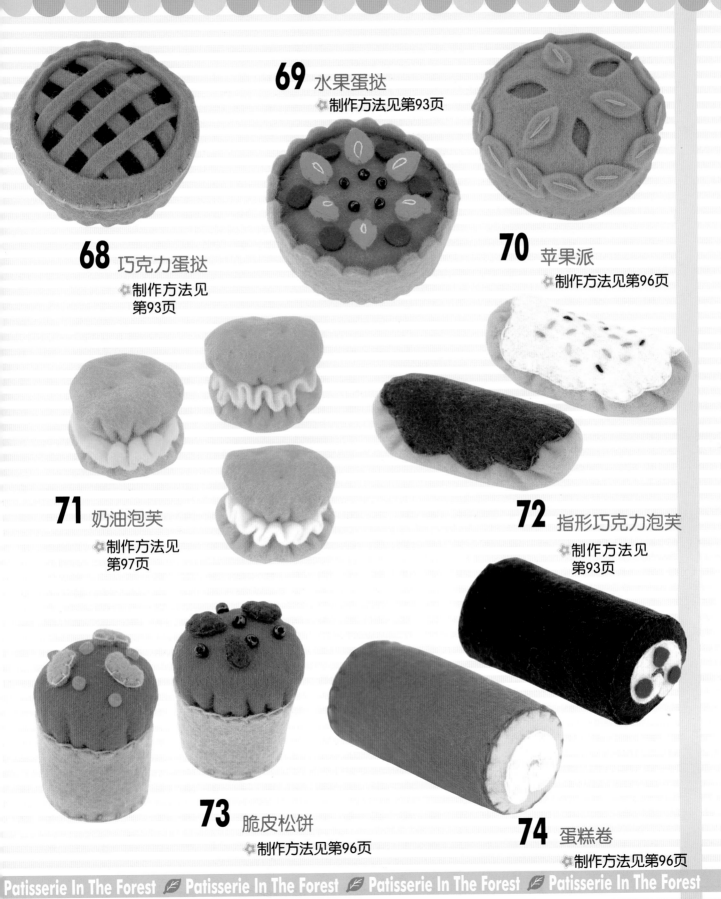

69 水果蛋挞
❦制作方法见第93页

68 巧克力蛋挞
❦制作方法见
第93页

70 苹果派
❦制作方法见第96页

71 奶油泡芙
❦制作方法见
第97页

72 指形巧克力泡芙
❦制作方法见
第93页

73 脆皮松饼
❦制作方法见第96页

74 蛋糕卷
❦制作方法见第96页

不织布手工制作的基础

1 不织布的纤维方向

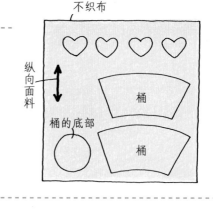

●纵向
· 拿着两侧拉抻，布料不会伸展的方向就是纵向。
· 制作时一般按照纵向的方向来配置纸样。

●横向
· 拿着两端拉抻，布料会伸展的方向就是横向。
· 在制作卷起的部分、做成圆球形等的时候，要注意从横向方向来剪切不织布。

2 不织布的剪切方法

●剪切方法……A：

1. 临摹纸样

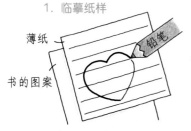

· 在薄纸上临摹纸样。
· 薄纸可以用笔记本的纸、描绘纸等。笔记本纸的厚度较为适宜，画线的时候不容易画偏。

2. 剪切纸样

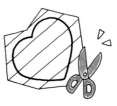

· 留出余白，以方便剪切纸样。

3. 贴到不织布上

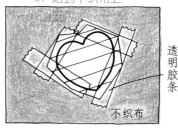

· 用透明胶条把纸样贴在不织布上。

4. 剪切不织布

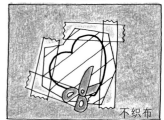

· 带着纸样整个剪切。

●剪切方法……B：

1. 临摹纸样

· 和A的剪切方法相同。

2. 剪切纸样

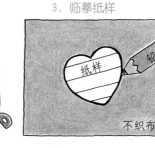

把纸样减下来

· 剪切纸样。

3. 临摹纸样

· 使用HB或B的铅笔。如果是深色不织布，可以使用白色铅笔。

4. 剪切不织布

· 从线的内侧开始剪切。剪切较小纸样的时候，选择头较尖、刀刃很快的雕绣用剪刀比较方便。

3 刺绣线和针

●刺绣线
· 使用25号刺绣线。
· 除了特殊指定外，一般用2根线。
· 缝合不织布时，除了特殊指定外，使用和不织布同色调的线。

颜色号码   线端

· 25号刺绣线的线头露在外面。这是为了使用起来更方便，而特意留出来的。另外，上面还有表示颜色编号的标签。

使用雕绣用剪刀▶

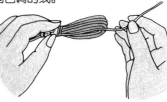

· 25号刺绣线为由6股细线拧成的。把细线一根一根理出来，使用时，把2根拧合在一起使用。

●针
· 使用法国刺绣针NO.9（长约3.5cm，粗约0.5mm）。

NO.9

4 开始缝制与结束缝制

<毯边锁缝针法>
※毯边锁缝针法的行进方向无论左右都是一样的。

① 3出 1出 2入

<绳结>

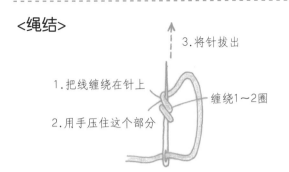

1.把线缠绕在针上
2.用手压住这个部分
3.将针拔出
缠绕1～2圈

<打结>
· 用手缠绕1圈，可以用手扭转。

① ②

③ ④

如图，手拿针和线，用左手食指在一侧紧紧压住针和线。

把线在针上缠绕2～3圈。

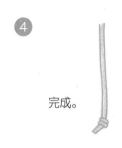

用2根手指紧紧压住线，将针拔出。

完成。

<缝合的方法>

① 绳结 不织布背面 不织布正面
针只穿过一片

打个绳结，从两片不织布之间下针。

② 不织布后侧 转角处必须缝合 约0.4cm 不织布正面
用针穿过重叠的不织布，用锁缝针法缝合。

③ 不织布正面 起始处
将针穿过起始处。

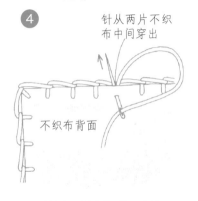

④ 针从两片不织布中间穿出 不织布背面
用针从不织布的背面穿进，从两片不织布之间穿出。

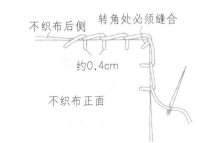

⑤ 2.将针从两片不织布之间穿进 1.绳结 不织布背面 3.取下针 4.拉直线，剪断
做绳结，再将针从不织布背面穿出，剪断线。

5 塞入棉花的方法

· 推荐大家使用100%的棉花，这种棉花能进入细微的缝隙部分。
· 在塞棉花的时候，细窄的地方可以用竹签协助。

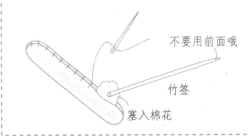

不要用前面哦
竹签
塞入棉花

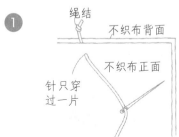
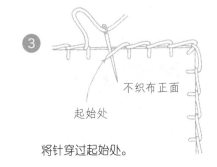
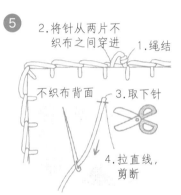

2 日本寿司

本书作品的制作方法

材料：实物大小纸样参考39页
・不织布
（黑色、土黄色）各20cm×15cm
（白色）20cm×10cm
（橘黄色、红色、黄色、绿色）各5cm×5cm
・25号刺绣线
（黑色、土黄色、白色、橘黄色、红色、黄色、绿色）各少许
・棉花（木棉）少许
・手工用胶水

●寿司用米饭的制作方法●

对折 / 对折 / 寿司用的米饭

寿司用的米饭 / 留出一段线 / 用毯边锁缝针法缝合

寿司用的米饭 / 填入棉花 / 用毯边锁缝针法继续缝合

●金枪鱼寿司的制作方法●

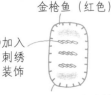

金枪鱼（红色）

①加入刺绣装饰

②周围用毯边锁缝针法缝边

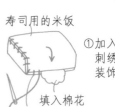

寿司用的米饭

用胶水把金枪鱼粘好
♥海胆寿司采用相同的方法制作

●鸡蛋寿司、墨鱼寿司的制作方法●

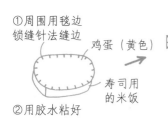

①周围用毯边锁缝针法缝边
鸡蛋（黄色）
②用胶水粘好
♥墨鱼、海胆用相同的方法制作

寿司用的米饭

海苔
周围用毯边锁缝针法缝边

②缝合固定
寿司用的米饭
①把涂好胶水的海苔卷上
鸡蛋

（白色）
墨鱼采用相同的方法制作

●海胆的制作方法●

①用毯边锁缝针法给海苔缝边
海胆寿司
（橘黄色）
海苔

②涂抹胶水，粘在侧面

缝合固定
♥米饭的部分参照鸡蛋、墨鱼

●大虾寿司的制作方法●

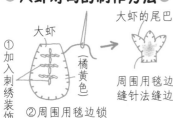

大虾
①加入刺绣装饰
（橘黄色）
②周围用毯边锁缝针法缝边

大虾的尾巴
周围用毯边锁缝针法缝边

把尾巴用毯边锁缝针法缝合

寿司用的米饭
用胶水粘好大虾

●叶兰的制作方法●

叶兰
周围用毯边锁缝针法缝边

●金枪鱼寿司卷、黄瓜寿司卷的制作方法●

1.制作配料。

金枪鱼 / 卷好 / 涂抹胶水，/ 金枪鱼 / 把侧面缝合

2.把配料卷在寿司用的米饭上。

寿司用的米饭
胶水
用金枪鱼当芯来卷

寿司用的米饭
把侧面缝合

3.外侧卷上海苔。

海苔
周围用毯边锁缝针法缝边

①把涂好胶水的海苔卷在寿司用的米饭上
海苔
②把侧面缝合

♥以黄瓜为芯的寿司卷采用相同的方法制作

●寿司盒的制作方法●

1.制作底部。

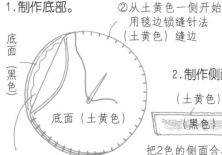

底面（黑色）
底面（土黄色）
①用胶水把2片底面粘好

②从土黄色一侧开始用毯边锁缝针法（土黄色）缝边

2.制作侧面。

（土黄色）
侧面
（黑色）
把2色的侧面合在一起，用胶水粘好
♥制作2片

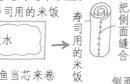

侧面（土黄色）
把2片合在一起，两端用毯边锁缝针法缝成圈状
侧面（黑色）

3.安底。

底面（黑色）
侧面（黑色）
用毯边锁缝针法（黑色线）来缝合

4.缝制侧面的上部。

（土黄色）
（黑色）
从黑色一侧开始用毯边锁缝针法（土黄色线）缝合上部

●完成●

直径9.2cm

2叶兰
（绿色1片）

2寿司用的米饭
（白色5片）

卷边　折叠线　卷边

●日本寿司、点心的实物大小·纸样●

2金枪鱼、墨鱼、鸡蛋卷、海胆
（红色、白色、黄色、橙色各1片）

轮廓针法（白色、仅制作金枪鱼时用的针迹法）

2海苔卷、寿司用的米饭
（白色4片）

2海苔卷、海苔
（黑色4片）

2海胆、海苔
（黑色1片）

2寿司盒、侧面
（黑色、土黄色各2片）
上侧
下侧

2寿司盒、盒底
（黑色、土黄色各1片）

2虾的尾巴
（橙色1片）

2金枪鱼（红色2片）

2黄瓜（绿色2片）

粘贴的位置

直线针法（橙色线）

轮廓针法（橙色线）

2大虾
（白色1片）

2墨鱼和鸡蛋卷、海苔（黑色2片）

3肉包子
（白色1片）

3肉包子底部
（白色1片）

3烧麦、绿豆
（3个）
（绿色3片）

3饺子（3个）
（白色3片）

3春卷（2个）　（棕色2片）

3烧麦（3个）
（白色3片）

3蒸笼底部（2个）
（淡棕色4片）

3小盘子（2个）
（天蓝色4片）

背景装饰（红色）

3蒸笼、侧面A（2个）
（淡棕色4片）

3蒸笼、侧面B（2个）　（淡棕色2片）

3 点心

材料：实物大小纸样参考39页
・不织布
（浅棕色）20cm×20cm
（白色、水蓝色）各20cm×10cm
（棕色）10cm×5cm
（绿色）5cm×5cm
・25号刺绣线
（浅棕色、白色、水蓝色、棕色、绿
色、红色）各少许
・棉花（木棉）少许
・手工用胶水

● 肉包子的制作方法 ●

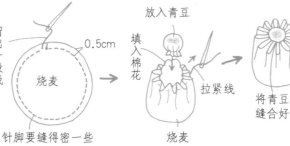

在中心采用法国结针法做3个刺绣
0.3cm
肉包子
（黑色1根）
针脚要缝得密一些
留出一段线

填入棉花
将线拉紧

底部用毯边锁缝针法缝合
底部

● 小·盘子的制作方法 ●

①加入刺绣装饰（只装饰1片）
③用毯边锁缝针法缝合

②将2个盘子用胶水粘好

● 饺子的制作方法 ●

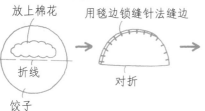

放上棉花
折线
饺子
用毯边锁缝针法缝边
对折
做出3个褶
对折的一侧
前后分别捏出0.2cm

● 春卷的制作方法 ●

春卷
放上少量的棉花
2cm
折线

A   B
折叠

折线
折叠
A × B
折叠
折线
折叠
A
B

把A角和B角向中央对折、对齐

折叠
折叠

将三角部分向内折

三角的两边用毯边锁缝针法缝合固定

● 烧麦的制作方法 ●

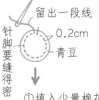

1.制作青豆。
留出一段线
0.2cm
青豆
针脚要缝得密一些
①填入少量棉花
②将线拉紧

2.制作烧麦。

放入青豆
填入棉花
留出一段线
0.5cm
烧麦
针脚要缝得密一些
拉紧线
烧麦
将青豆缝合好

● 蒸笼的制作方法 ●

1.把侧面A做成环形。

②上部2片一起用毯边锁缝针法缝边
蒸笼侧面A
①抹上薄薄一层胶水，把2片粘好

蒸笼侧面A
对折
把两端用毯边锁缝针法缝合，做成环形

2.把侧面B做成环形。

蒸笼侧面B
对折
把两端用毯边锁缝针法缝合，做成环形

3.制作底部，与侧面A缝合。

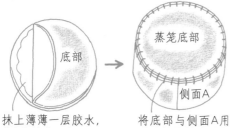

底部
侧面A
抹上薄薄一层胶水，将2片粘在一起

蒸笼底部
将底部与侧面A用毯边锁缝针法缝合

4.将侧面B包裹于侧面A外层，重叠缝合。

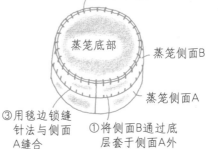

②把底面和侧面B用毯边锁缝针法缝合
蒸笼底部
蒸笼侧面B
蒸笼侧面A
③用毯边锁缝针法与侧面A缝合
①将侧面B通过底层套于侧面A外

● 制作完成 ●

直径5.5cm
直径5.5cm

直径4.2cm
直径4.2cm

4 面包工坊

材料：实物大小纸样参考42、43页
- 不织布
（棕色、白色、米色）各20cm×10cm
（浅棕色B）20cm×5cm
（浅棕色A）15cm×5cm
（深棕色、酒红色、浅黄色、粉红色、红色、绿色、黄绿色、黄色）各5cm×5cm
- 25号刺绣线
（白色、棕色、浅棕色、深棕色、红色、米色、酒红色、浅黄色、粉红色、绿色、黄绿色、黑色、黄色）各少许
- 棉花（木棉）少许
- 手工用胶水

●菠萝包、豆沙包的制作方法●

1. 把面包的周围缝边。

需要留出一段线

0.3cm

②针脚要缝得密一些

①加入刺绣（回针法）

2. 填入棉花，把线拉紧。

②把线拉紧至其直径为2.6cm左右

①填入棉花

♥豆沙包则做成直径2.4cm左右

3. 缝合底部。

直径2.6cm

用毯边锁缝针法缝合底部

●菠萝包制作完成●

←直径2.6cm→

●豆沙包制作完成●

←直径2.4cm→

●三明治的制作方法●

1. 把2片面包合在一起，缝边。

面包

把同色的2片周围用毯边锁缝针法缝边

♥做出4组

2. 把配料缝边。

火腿　奶酪

番茄　黄瓜

生菜

3. 制作火腿奶酪三明治。

把有弧度的一面放在外侧、粘好

火腿（粉红色）　面包（白色）

把角的一面放在外侧，重叠粘好

奶酪（黄色）

为了不影响表面效果，在内侧缝合固定

面包（白色）

把面包重叠上，用胶水粘好

●火腿奶酪三明治制作完成●

3.5cm

3.5cm

4. 制作蔬菜三明治。

把配料重叠，用胶水粘好

番茄　番茄

生菜

面包（米色）

将黄瓜重叠在上面，用胶水粘好

为了不影响表面效果，在内侧缝合固定

面包（米色）

把面包重叠上，用胶水粘好

●蔬菜三明治制作完成●

3.5cm

3.5cm

●巧克力卷面包的制作方法●

1. 先制作A部分的面包。

0.3cm

巧克力卷A

针脚要缝得密一些

2. 用同样方法制作B部分和C部分的面包。

←2.5cm→

巧克力卷A

①填入棉花

②拉紧线

←2.2cm→

巧克力卷B

←1.7cm→

巧克力卷C

3. 制作D部分的面包。

填入棉花后，将线拉紧

巧克力卷D

4. 把A~D部分的面包缝合起来。

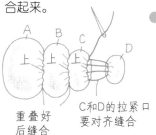

A　B　C　D
上　上　上

重叠好后缝合

C和D的拉紧口要对齐缝合

♥每个部分的上下要对齐

●巧克力卷面包制作完成●

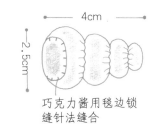

←4cm→

2.5cm

巧克力酱用毯边锁缝针法缝合

●法式面包的制作方法●

1. 将2片缝合，并填入棉花。

将2片对齐，用毯边锁缝针法缝合

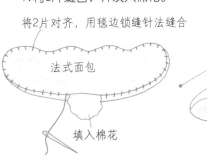

法式面包

填入棉花

●法式面包制作完成●

8cm

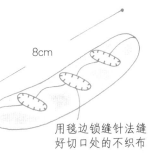

用毯边锁缝针法缝好切口处的不织布

●香肠卷的制作方法●

香肠卷制作完成

1. 对折后，缝边。

填入少许棉花

用毯边锁缝针法缝边

面包

对折

2. 制作香肠。

填入棉花，用毯边锁缝针法缝合

对折

香肠

3. 将香肠卷入面包中。

香肠

面包

②用线缝合固定

①卷在香肠之上

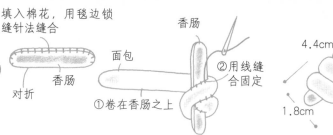

4.4cm

1.8cm

●面包的制作方法●

面包制作完成

1. 将上侧面与侧面缝合。

侧面

上侧面

侧面

①用毯边锁缝针法缝合　②打开

2. 把面包和侧面缝合。

毯边锁缝针法（棕色）

后侧也用同样的方法缝合

侧面上部

面包

侧面

把面包和侧面的标记印（∅）对齐，按标记顺序缝合

3. 填入棉花，缝合底部。

填入棉花

用毯边锁缝针法缝合

底部

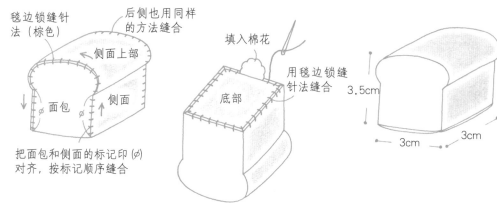

3.5cm

3cm　3cm

●牛角面包的制作方法●

1. 从底端0.5cm处对折。以此为轴，向上卷后缝合。

①缝针法缝边周围用毯边锁

牛角面包

0.5cm

②对折

牛角面包

向上卷

缝合固定

牛角面包

把牛角的部分向下拉，调整形状

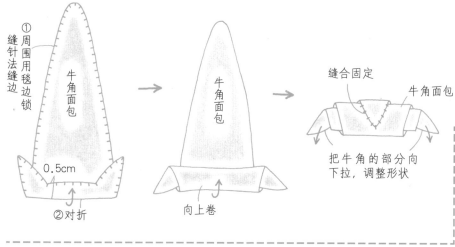

牛角面包制作完成

1.5cm

5.5cm

★面包工坊的实物大·小·纸样★

面包的上侧面
（棕色1片）

牛角面包
（浅棕色A，1片）

面包的侧面
（棕色2片）

面包
（白色2片）

面包的底部
（棕色1片）

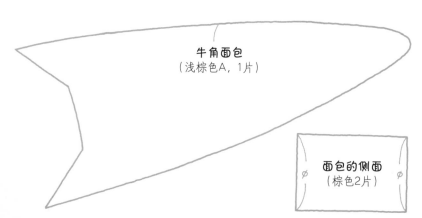

★ **面包工坊的实物大小·纸样** ★

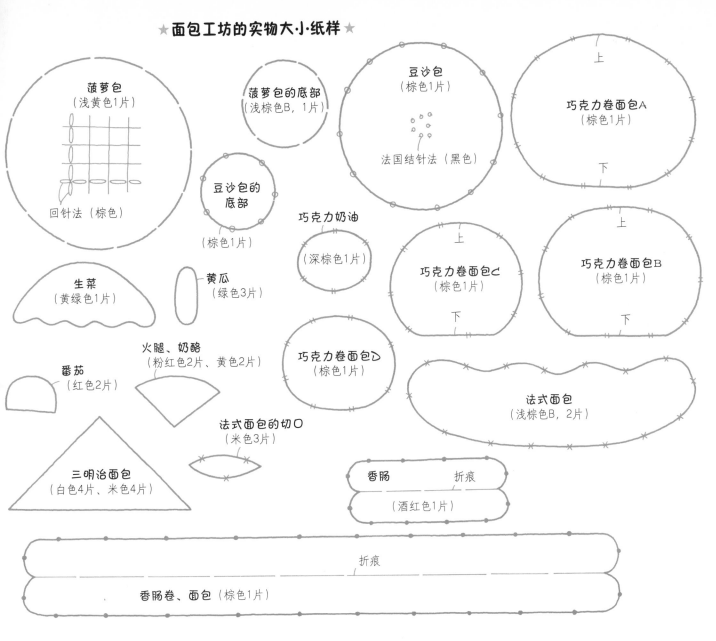

菠萝包
（浅黄色1片）

回针法（棕色）

菠萝包的底部
（浅棕色B，1片）

豆沙包
（棕色1片）

法国结针法（黑色）

巧克力卷面包A
（棕色1片）

上

下

豆沙包的底部
（棕色1片）

巧克力奶油
（深棕色1片）

巧克力卷面包乙
（棕色1片）

上

下

巧克力卷面包B
（棕色1片）

上

下

生菜
（黄绿色1片）

黄瓜
（绿色3片）

火腿、奶酪
（粉红色2片、黄色2片）

巧克力卷面包D
（棕色1片）

番茄
（红色2片）

法式面包的切口
（米色3片）

三明治面包
（白色4片、米色4片）

法式面包
（浅棕色B，2片）

香肠　　　折痕
（酒红色1片）

折痕

香肠卷、面包（棕色1片）

💜 **本书所使用的刺绣针法**

※毯边锁缝针法请参考37页。

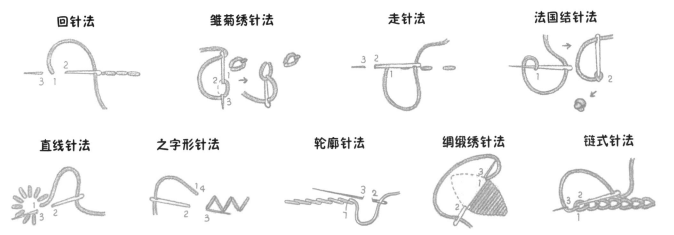

回针法

雏菊绣针法

走针法

法国结针法

直线针法

之字形针法

轮廓针法

绸缎绣针法

链式针法

5 汉堡套餐

材料：实物大小纸样参照45页
· 不织布
（绿色、白色）各20cm×10cm
（红色、棕色、深棕色）各10cm×5cm
（粉红色、浅黄色、黄绿色、黄色）各5cm×5cm
· 厚纸9cm×6.5cm
· 25号刺绣线
（绿色、白色、红色、棕色、深棕色、粉红色、浅黄色、黄绿色、黄色、米色）各少许
· 棉花（木棉）少许
· 手工用胶水

●汉堡包的制作方法●

1. 将配料缝边。

汉堡牛肉饼

将2片汉堡牛肉饼合在一起用用毯边锁缝针法缝合

生菜

周围用毯边锁缝针法缝边

奶酪

周围用毯边锁缝针法缝边

番茄

周围用毯边锁缝针法缝边

2. 将配料重叠好后，用胶水粘好。

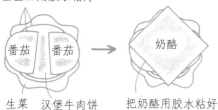

重叠后用胶水粘好

番茄　番茄

生菜　汉堡牛肉饼

奶酪

把奶酪用胶水粘好

3. 制作面包。

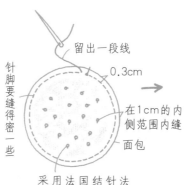

留出一段线

针脚要缝得密一些

0.3cm

在1cm的内侧范围内缝

面包

采用法国结针法（米色）缝制16粒（仅上面一层）

①拉紧线至直径3cm

直径3cm

②填入棉花

♥制作2个

4. 在面包之间放入配料缝合。

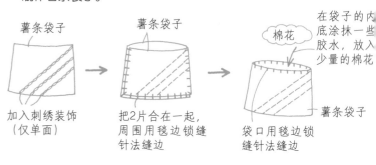

上层的面包

把配料缝入面包中

下层的面包也同样缝合

●汉堡包制作完成●

●餐巾纸的制作方法●

用毯边锁缝针法缝边

餐巾纸

针法缝制

边缘用毯边锁缝

餐巾纸

对折

●法式薯条的制作方法●

1. 制作薯条袋子。

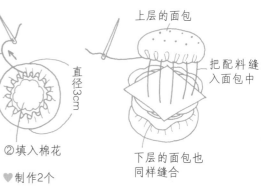

薯条袋子

加入刺绣装饰（仅单面）

薯条袋子

把2片合在一起，周围用毯边锁缝针法缝边

棉花

在袋子的内底涂抹一些胶水，放入少量的棉花

薯条袋子

袋口用毯边锁缝针法缝边

2. 制作法式薯条，装入袋中。

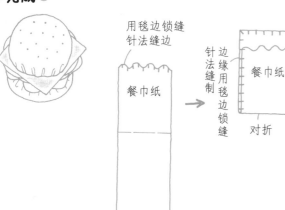

周围用毯边锁缝针法缝边

对折

♥制作6根

薯条高度稍微作一些变化，将6根薯条的下部缝合在一起

将薯条的下部涂上胶水粘在袋子里

薯条袋

●法式薯条制作完成●

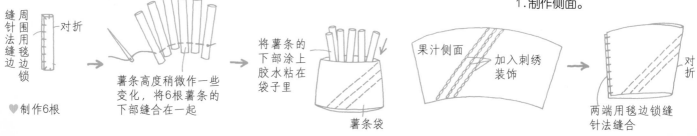

将薯条的下部涂上胶水粘在袋子里

薯条袋

●果汁的制作方法●

1. 制作侧面。

果汁侧面

加入刺绣装饰

对折

两端用毯边锁缝针法缝合

2.制作底部。　　　　　　3.制作盖子并缝合安装。　　　　　　　　4.制作吸管并安上。　　●果汁制作完成●

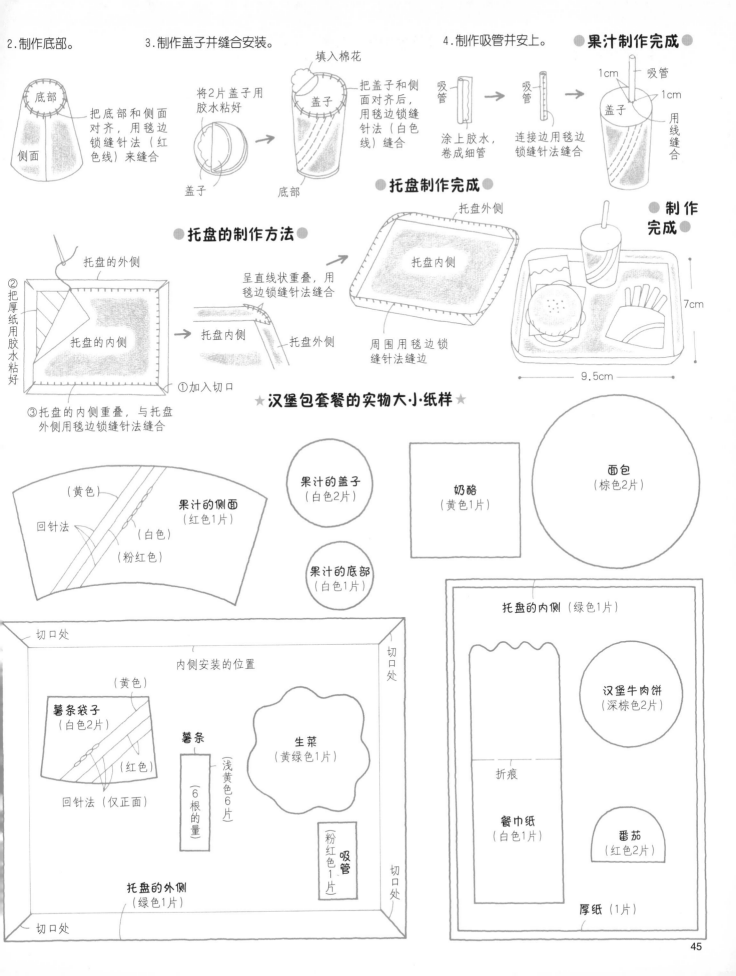

底部

把底部和侧面对齐，用毯边锁缝针法（红色线）来缝合

侧面

将2片盖子用胶水粘好

填入棉花

盖子

把盖子和侧面对齐后，用毯边锁缝针法（白色线）缝合

盖子　　　　底部

吸管　　吸管

涂上胶水，卷成细管

吸管

连接边用毯边锁缝针法缝合

●托盘制作完成●

1cm　　吸管

盖子

1cm

用线缝合

●制作完成●

●托盘的制作方法●

托盘外侧

托盘内侧

托盘的外侧

②把厚纸用胶水粘好

托盘的内侧

呈直线状重叠，用毯边锁缝针法缝合

①加入切口

③托盘的内侧重叠，与托盘外侧用毯边锁缝针法缝合

托盘内侧

托盘外侧

周围用毯边锁缝针法缝边

7cm

9.5cm

★汉堡包套餐的实物大小·纸样★

（黄色）

回针法

（白色）

（粉红色）

果汁的侧面
（红色1片）

果汁的盖子
（白色2片）

果汁的底部
（白色1片）

奶酪
（黄色1片）

面包
（棕色2片）

托盘的内侧（绿色1片）

切口处

内侧安装的位置

切口处

（黄色）

薯条袋子
（白色2片）

（红色）

回针法（仅正面）

薯条

（浅黄色6片）

（6根的量）

生菜
（黄绿色1片）

（粉红色1片）

吸管

汉堡牛肉饼
（深棕色2片）

折痕

餐巾纸
（白色1片）

番茄
（红色2片）

托盘的外侧
（绿色1片）

切口处

切口处

厚纸（1片）

6 甜甜圈

材料：实物大小纸样参考48页
- 不织布
（白色）20cm×15cm
（棕色）20cm×10cm
（深棕色、浅棕色）各10cm×5cm
（粉红色）5cm×5cm
- 25号刺绣线
（白色、棕色、深棕色、浅棕色、黄色、粉红色、蓝色、米色、锈色、绿色、橘黄色）各少许
- 棉花（木棉）少许
- 手工用胶水

●甜甜圈的制作方法●

1.制作甜甜圈A。

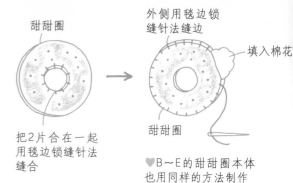

加入16~20个刺绣
法国结针法（米色）
甜甜圈
外侧用毯边锁缝针法缝边
填入棉花
把2片合在一起用毯边锁缝针法缝合
甜甜圈

♥另一片也用同样的方法制作

♥B~E的甜甜圈本体也用同样的方法制作

2.制作甜甜圈B。
※甜甜圈本体的制作方法请参照A。

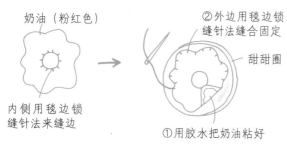

奶油（粉红色）
内侧用毯边锁缝针法来缝边
②外边用毯边锁缝针法缝合固定
甜甜圈
①用胶水把奶油粘好

3.制作甜甜圈C。
※甜甜圈本体的制作方法请参照A。

奶油的不织布上加入11个刺绣装饰
（浅棕色）
法国结针法（深棕色线）

4.制作甜甜圈D。
※甜甜圈本体的制作方法请参照A。

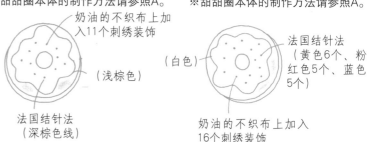

（白色）
法国结针法（黄色6个、粉红色5个、蓝色5个）
奶油的不织布上加入16个刺绣装饰

5.制作甜甜圈E。
※甜甜圈本体的制作方法请参照A。

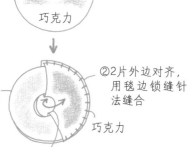

把2片合在一起用毯边锁缝针法缝合
巧克力

甜甜圈
巧克力
②2片外边对齐，用毯边锁缝针法缝合
①把巧克力穿过中央的洞，盖在甜甜圈上

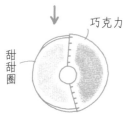

巧克力
甜甜圈

把甜甜圈用毯边锁缝针法缝合
（背面也用同样方法固定）

●甜甜圈盒子的制作方法●

1.把盒子的各部分每2片一组粘好，缝边。

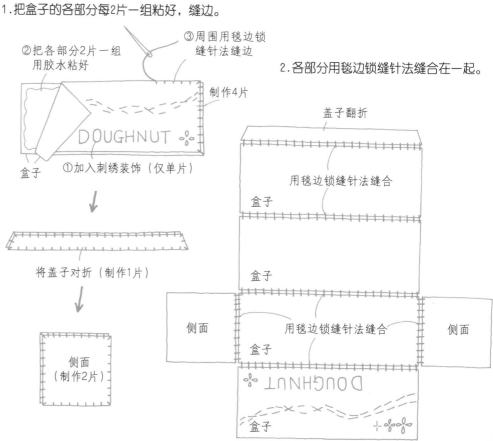

②把各部分2片一组用胶水粘好
③周围用毯边锁缝针法缝边
制作4片
盒子
①加入刺绣装饰（仅单片）
DOUGHNUT

将盖子对折（制作1片）

侧面（制作2片）

2.各部分用毯边锁缝针法缝合在一起。

盖子翻折
用毯边锁缝针法缝合
盒子
盒子
侧面
用毯边锁缝针法缝合
盒子
侧面
盒子
DOUGHNUT

3. 缝合出盒子的形状。

把侧面用线缝出翻折的效果

把盖子翻折

侧面

侧面

DOUGHNUT

把侧面立起，用毯边锁缝针法缝合

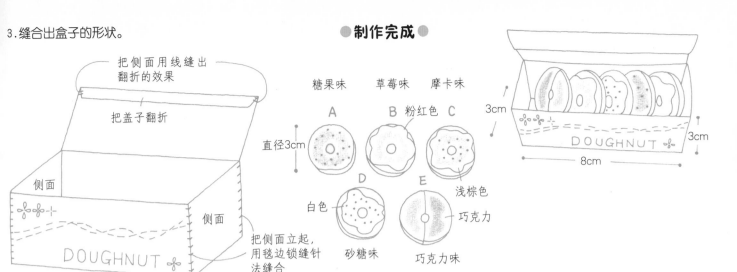

●制作完成●

糖果味　　草莓味　　摩卡味

A　　B 粉红色 C

直径3cm

D　　　E

白色

浅棕色

巧克力

砂糖味

巧克力味

3cm

3cm

DOUGHNUT

8cm

29 生日蛋糕、巧克力牌子

材料：实物大小纸样参考48页

- 不织布
（白色、乳白色）各20cm×15cm
（红色、粉红色）各20cm×5cm
（浅黄色、深棕色）5cm×5cm
- 25号刺绣线
（白色、乳白色、棕色、红色、深棕色、粉红色、浅黄色）各少许
- 棉花（木棉）少许
- 手工用胶水

●制作方法●

1. 在侧面B贴上奶油。

奶油

侧面B

用毯边锁缝针法缝合

2. 将2片侧面B缝合固定。

侧面B

将2片侧面B用毯边锁缝针法缝合

3. 安装，缝合底部。

把底部和侧面B用毯边锁缝针法缝合

底部（乳白色）

侧面B

4. 安装，缝合上部。

把上部用毯边锁缝针法缝合

上部（白色）

底部

侧面B

5. 填入棉花，安装，缝合好侧面A。

两端用毯边锁缝针法缝合

②填入棉花

侧面A

①用毯边锁缝针法（用白色线）缝合

6. 制作草莓。

留出一段线

0.2cm

针脚要缝得密一些

将线拉紧

填入棉花

7. 制作鲜奶油花。

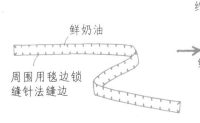

鲜奶油

周围用毯边锁缝针法缝边

约1.2cm

鲜奶油A

做出5个圈，用线缝好固定

做成五角形的装饰花

上部

1cm

8. 安上草莓。

把草莓装饰花缝在鲜奶油的中央

♥制作6块蛋糕

9.制作巧克力牌子。

生日牌外侧　①加入刺绣装饰
生日牌内侧
②用毯边锁缝针法固定生日牌的外侧

①将2片生日牌外侧用胶水粘好
②周围用毯边锁缝针法缝边

HAPPY BIRTHDAY

●制作完成●

HAPPY BIRTHDAY

2.2cm
3.8cm

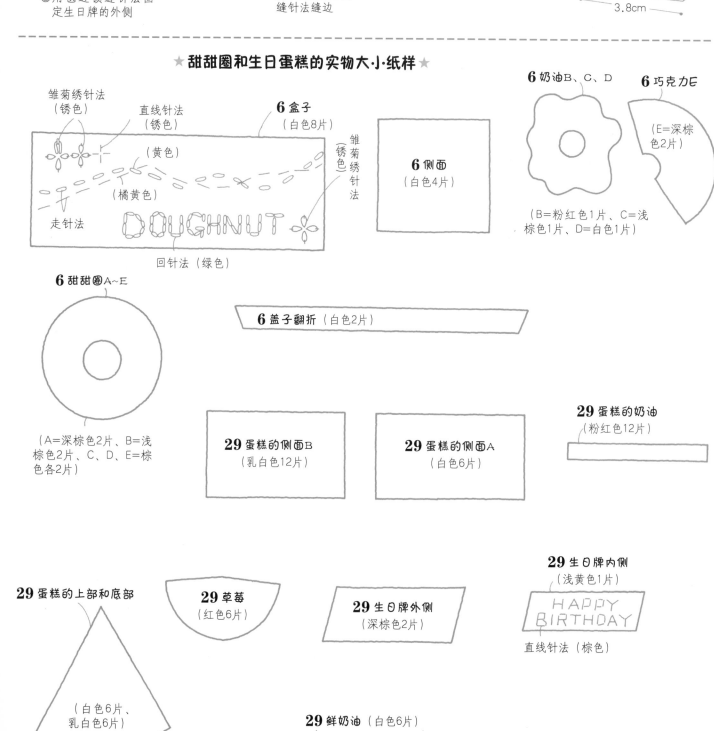

★ 甜甜圈和生日蛋糕的实物大小·纸样 ★

雏菊绣针法（锈色）
直线针法（锈色）
（黄色）
（橘黄色）
雏菊绣针法（锈色）
走针法
DOUGHNUT
回针法（绿色）

6 盒子（白色8片）

6 侧面（白色4片）

6 奶油B、C、D
（B=粉红色1片、C=浅棕色1片、D=白色1片）

6 巧克力E
（E=深棕色2片）

6 甜甜圈A~E
（A=深棕色2片、B=浅棕色2片、C、D、E=棕色各2片）

6 盖子翻折（白色2片）

29 蛋糕的侧面B（乳白色12片）

29 蛋糕的侧面A（白色6片）

29 蛋糕的奶油（粉红色12片）

29 蛋糕的上部和底部（白色6片、乳白色6片）

29 草莓（红色6片）

29 生日牌外侧（深棕色2片）

29 生日牌内侧（浅黄色1片）
HAPPY BIRTHDAY
直线针法（棕色）

29 鲜奶油（白色6片）

1 儿童套餐

材料：实物大小纸样参考57页
・不织布
（白色）20cm×15cm
（黄色）20cm×5cm
（乳白色）10cm×5cm
（浅黄色、橘黄色、红色、酒红色、深棕色、棕色、浅棕色、米色、绿色）各5cm×5cm
・25号刺绣线
（白色、黄色、浅黄色、橘黄色、红色、酒红色、深棕色、棕色、浅棕色、粉红色、绿色、蓝色）各少许
・棉花（木棉）少许
・手工用胶水

● 蛋包饭的制作方法 ●

1.在米饭上放上青豆。

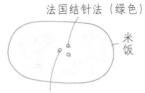

法国结针法（绿色）

米饭

在中央贴上3个青豆

3.把米饭放到侧面的内侧里。

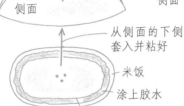

侧面

从侧面的下侧套入并粘好

米饭

涂上胶水

宽度为0.3~0.5cm

2.将侧面缝合固定。

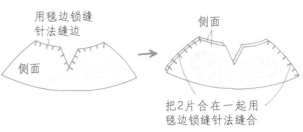

用毯边锁缝针法缝边

侧面

侧面

把2片合在一起用毯边锁缝针法缝合

4.填入棉花，安装，缝合底部。

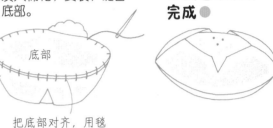

底部

侧面

把底部对齐，用毯边锁缝针法缝合

● 蛋包饭制作完成 ●

● 汉堡牛肉饼的制作方法 ●

把2片合在一起用毯边锁缝针法缝合

填入棉花

把汉堡牛肉饼用毯边锁缝针法缝合固定

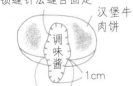

汉堡牛肉饼

调味酱

1cm

在中间把调味酱的不织布用毯边锁缝针法缝合固定

● 苹果的制作方法 ●

1.制作苹果。

把2片合在一起用毯边锁缝针法缝合

切口

用毯边锁缝针法缝合

切口

填入棉花

外侧

● 苹果制作完成 ●

2.制作苹果皮。

1.5cm

仅苹果皮的不织布用毯边锁缝针法缝边

把这一段与苹果之间用毯边锁缝针法缝合

苹果皮

外侧

切口

1.5cm

● 宽薯条的制作方法 ●

切口

外侧

♥和苹果的做法一样

● 托盘的制作方法 ●

②将2片托盘用胶水粘好

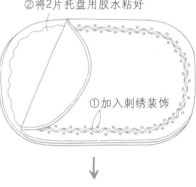

①加入刺绣装饰

周围用毯边锁缝针法缝边

● 布丁的制作方法 ●

侧面

将两侧用毯边锁缝针法缝合，做成环形

焦糖

侧面

用毯边锁缝针法缝合

填入棉花

把底部和侧面用毯边锁缝针法缝合

底部

侧面

● 西兰花的制作方法 ●

填入棉花

把2片合在一起用毯边锁缝针法缝合

● 儿童套餐制作完成 ●

7.5cm

12.2cm

7 开式三明治和托盘

材料
- 不织布
  （灰色）20cm×10cm
  （浅棕色）20cm×5cm
  （红色、浅黄色、绿色、橘黄色、白色）各5cm×5cm
- 25号刺绣线
  （灰色、浅棕色、红色、浅黄色、绿色、白色、银色）各少许
- 棉花（木棉）少许
- 手工用胶水

●**制作方法**●

1.缝制开式三明治材料的不织布周边。

芝麻菜
周围采用毯边锁缝针法缝边

把2片合起来用毯边锁缝针法缝好
番茄

把2片合起来用毯边锁缝针法缝好
白色奶酪

黄瓜
周围采用毯边锁缝针法缝边

黄色奶酪

周围采用毯边锁缝针法缝边

把2片合起来用毯边锁缝针法缝好

2.制作开式三明治A。

白色奶酪
番茄
芝麻菜
使用手工用胶水粘好
薄脆饼干

♥制作3个

3.制作开式三明治B。

盐渍鲑鱼子　黄瓜
黄色奶酪
使用手工用胶水粘好
薄脆饼干

♥制作3个

4.制作托盘。

把手

周围采用毯边锁缝针法缝边

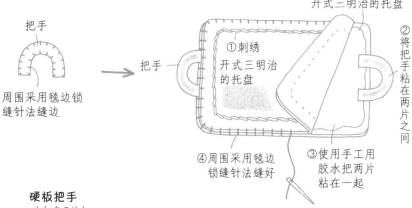

把手

开式三明治的托盘

①刺绣开式三明治的托盘
②将把手粘在两片之间
③使用手工用胶水把两片粘在一起
④周围采用毯边锁缝针法缝好

●**制作完成**●

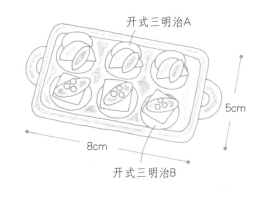

开式三明治A
开式三明治B
5cm
8cm

硬板把手
（灰色2片）

连接位置

★ 开式三明治和托盘的实物大小·纸样 ★

盐渍鲑鱼子

（橘黄色9片）

黄瓜

（绿色3片）

黄色奶酪

（浅黄色3片）

白色奶酪（3个的量）

（白色6片）

把手的连接位置

轮廓线迹针法（用银色线）
开式三明治的托盘
（灰色2片）

把手的连接位置

番茄
（3个的量）
（红色6片）

芝麻菜
（绿色3片）

薄脆饼干（6个的量）
（浅棕色12片）

11 烤鸡、西兰花和托盘

材料
- 不织布
  - （棕色）20cm×15cm
  - （白色）20cm×10cm
  - （绿色）20cm×5cm
- 25号刺绣线
  - （棕色、白色、绿色、红色）各少许
- 棉花（木棉）少许
- 手工用胶水

●制作方法●

1.制作烤鸡的身体。

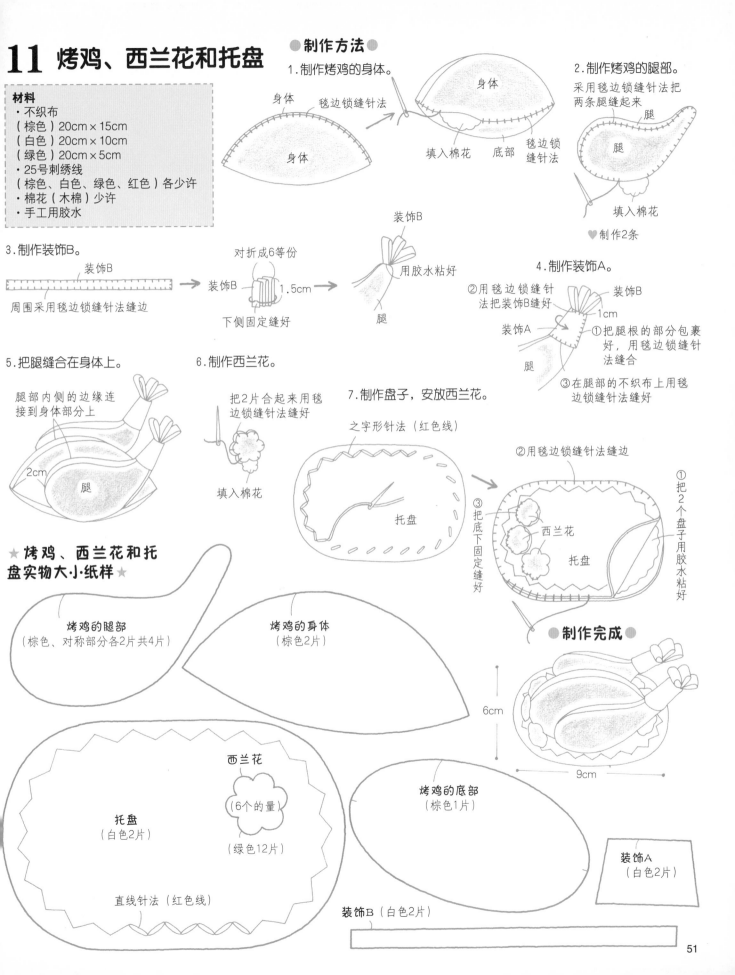

身体
身体
毯边锁缝针法
身体
填入棉花
底部
毯边锁缝针法

2.制作烤鸡的腿部。

采用毯边锁缝针法把两条腿缝起来

腿
腿
填入棉花

♥制作2条

3.制作装饰B。

装饰B
周围采用毯边锁缝针法缝边

装饰B
对折成6等份
1.5cm
下侧固定缝好

装饰B
用胶水粘好
腿

4.制作装饰A。

②用毯边锁缝针法把装饰B缝好
装饰B
1cm
装饰A
腿
①把腿根的部分包裹好，用毯边锁缝针法缝合
③在腿部的不织布上用毯边锁缝针法缝好

5.把腿缝合在身体上。

腿部内侧的边缘连接到身体部分上
2cm
腿

6.制作西兰花。

把2片合起来用毯边锁缝针法缝好
填入棉花

7.制作盘子，安放西兰花。

之字形针法（红色线）
托盘

②用毯边锁缝针法缝边
③把底下固定缝好
西兰花
托盘
①把2个盘子用胶水粘好

●制作完成●

6cm
9cm

★烤鸡、西兰花和托盘实物大小·纸样★

烤鸡的腿部
（棕色、对称部分各2片共4片）

烤鸡的身体
（棕色2片）

托盘
（白色2片）

西兰花
（6个的量）
（绿色12片）

烤鸡的底部
（棕色1片）

装饰A
（白色2片）

直线针法（红色线）

装饰B（白色2片）

12 炒饭、圣女果和托盘

材料
- 不织布
（白色、柠檬色）各20cm×10cm
（橘黄色、黄色、红色、绿色）各5cm×5cm
- 25号刺绣线
（白色、柠檬色、橘黄色、黄色、红色、绿色、蓝色）各少许
- 棉花（木棉）少许
- 手工用胶水

●制作方法●

1.制作炒饭的侧面。

把2片肉饭的侧面用毯边锁缝针法缝好

选择合适颜色的炒饭配料，用毯边锁缝针法来固定

♥制作2片

2.加底。

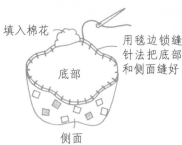

填入棉花

用毯边锁缝针法把底部和侧面缝好

底部

侧面

3.制作圣女果。

把2片圣女果用毯边锁缝针法缝好

填入棉花

4.给圣女果添些叶子。

把线剪断

0.5cm　　　0.5cm

打结式收线　　　打结

圣女果

（绿色2根）

5.制作盘子，安置，缝合好圣女果。

托盘（表面）

把圣女果装饰在周围

♥托盘的做法参照51页

●制作完成●

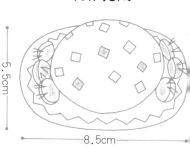

5.5cm

8.5cm

●圣女果叶子的做法●

1.打结。

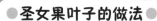

针

把线穿过针眼

打结

卷一下，然后捻转

打结

2.从表面入针。

缝1针后，出针。

1针（0.2～0.3cm）

3.打结收线。

③拔出针

①卷几圈　　卷1～2次

②用手捏住这个部分

4.剪断线。

0.5cm　　　0.5cm

打结式收线　　　打结

★炒饭、圣女果和托盘 实物大小的纸样★

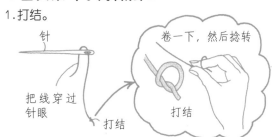

炒饭的侧面
（柠檬色、对称的2片）

炒饭的底部
（柠檬色1片）

炒饭的配料
（橘黄色7个、黄色7个、绿色6个）

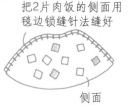

圣女果（6个的量）

（红色12片）

托盘
（白色2片）

之字形针法（蓝色线）

16 饼干和饼干篮

材料
- 不织布
  （浅棕色C）20cm×10cm
  （浅棕色A）15cm×5cm
  （浅棕色B）10cm×5cm
  （红色、深棕色）各5cm×5cm
- 25号刺绣线
  （浅棕色、红色、深棕色、白色、黄色）各少许
- 棉花（木棉）少许
- 手工用胶水

●制作方法●

1. 制作树形饼干。

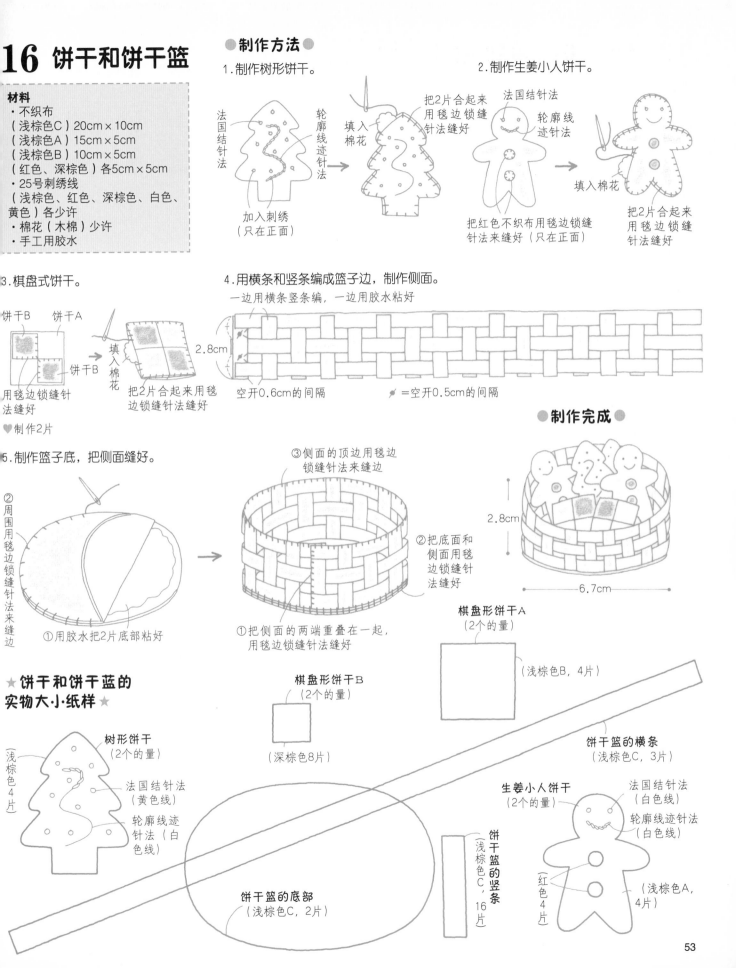

法国结针法

轮廓线迹针法

加入刺绣
（只在正面）

把2片合起来用毯边锁缝针法缝好

填入棉花

2. 制作生姜小人饼干。

法国结针法

轮廓线迹针法

填入棉花

把红色不织布用毯边锁缝针法来缝好（只在正面）

把2片合起来用毯边锁缝针法缝好

3. 棋盘式饼干。

饼干B　饼干A

用毯边锁缝针法缝好

♥制作2片

填入棉花

饼干B

把2片合起来用毯边锁缝针法缝好

4. 用横条和竖条编成篮子边，制作侧面。

一边用横条竖条编，一边用胶水粘好

2.8cm

空开0.6cm的间隔　　＝空开0.5cm的间隔

●制作完成●

2.8cm

6.7cm

5. 制作篮子底，把侧面缝好。

②周围用毯边锁缝针法来缝边

①用胶水把2片底部粘好

③侧面的顶边用毯边锁缝针法来缝边

②把底面和侧面用毯边锁缝针法缝好

①把侧面的两端重叠在一起，用毯边锁缝针法缝好

★ **饼干和饼干蓝的实物大小·纸样** ★

树形饼干
（2个的量）

（浅棕色C,4片）

法国结针法（黄色线）

轮廓线迹针法（白色线）

棋盘形饼干A
（2个的量）

（浅棕色B,4片）

棋盘形饼干B
（2个的量）

（深棕色8片）

饼干篮的底部
（浅棕色C,2片）

饼干篮的竖条
（浅棕色C,16片）

饼干篮的横条
（浅棕色C,3片）

生姜小人饼干
（2个的量）

法国结针法（白色线）

轮廓线迹针法（白色线）

（红色4片）

（浅棕色A,4片）

14 树根蛋糕、树根蛋糕托盘

材料：实物大小纸样参考55页
- 不织布
  （白色）20cm×10cm
  （浅棕色、黄色）各10cm×5cm
  （深棕色、红色、绿色）各5cm×5cm
- 25号刺绣线
  （白色、浅棕色、黄色、深棕色、红色、绿色）各少许
- 棉花（木棉）少许
- 手工用胶水

1. 制作蛋糕的本体。

②把大片年轮刺绣用毯边锁缝针法缝在侧面

侧面

①做出大片年轮状刺绣

♥制作2片

本体

①加入刺绣装饰

②用毯边锁缝针法缝好

侧面

用毯边锁缝针法把底面缝合

底面

填入棉花

2. 制作枝杈。

②把小片年轮刺绣用毯边锁缝针法缝在枝杈的上部

枝杈的上部

①做出小片年轮状刺绣

枝杈

加入刺绣装饰

对折

用毯边锁缝针法缝合

①用毯边锁缝针法把枝杈上部缝好

枝杈

②填入棉花

3. 制作装饰的柊叶。

加入刺绣装饰

把2片叶子用毯边锁缝针法缝合

把柊叶的果实用毯边锁缝针法缝好

4. 制作巧克力牌。

②把2片用毯边锁缝针法缝合

Noël

①1片加入刺绣装饰

5. 做成蛋糕状。

把连接处缝好

2cm

1cm

Noël

把连接处缝好

枝杈用毯边锁缝针法固定好

6. 制作托盘。

周围用毯边锁缝针法缝边

托盘

●制作完成●

Noël

3cm

7.5cm

---

9 香槟酒瓶

材料：实物大小纸样参考55页
- 不织布
  （绿色）10cm×10cm
  （灰色、乳白色、浅棕色）各5cm×5cm
- 25号刺绣线
  （绿色、灰色、乳白色、浅棕色、黑色）各少许
- 棉花（木棉）少许
- 手工用胶水

●制作方法●

1. 制作瓶盖。

瓶盖

上部用毯边锁缝针法缝好

1cm

瓶盖

塞入少量的棉花

把2片瓶盖合起来用毯边锁缝针法缝好

2. 安上标签。

香槟酒瓶

①用毯边锁缝针法加入花纹

CHAMPAGNE

②加入刺绣装饰

③用毯边锁缝针法缝合，安装标签

把2片香槟酒瓶合起来，用毯边锁缝针法把两边缝好

3. 把两侧缝好。

CHAMPAGNE

底面用毯边锁缝针法缝好

4. 加入底面，填入棉花。

填入棉花

●制作完成●

7.5cm

把瓶盖套上，用毯边锁缝针法缝好

CHAMPAGNE

10 香槟酒杯

材料（2个的量）：**实物大小纸样参考55页**
・不织布
（水蓝色）20cm×5cm
・25号刺绣线
（水蓝色）少许
・手工用胶水

●制作方法●

1.制作酒杯。

酒杯
对折

把两端合起来，用毯边锁缝针法缝好

2.制作酒杯腿。

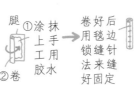

腿 ①涂抹上手工用胶水 ②卷

卷好后用毯边锁缝针法来缝好固定

一侧固定好

3.把酒杯、腿和底座连起来。

酒杯底座
腿

把腿固定在底坐中心上

●制作完成●

把另一片底座重叠起来，用毯边锁缝针法缝好

★ **树根蛋糕、香槟酒瓶、香槟酒杯的实物大小·纸样** ★

14 树根蛋糕托盘
（黄色1片）

14 枝杈
（白色1片）
回针法（浅棕色）

14 柊叶的果实
（红色2片）

14 枝杈上部
（白色1片）

14 柊叶
（绿色4片）
直线针法（绿色线）

14
树根蛋糕的侧面
（白色、2片）

14 小片年轮
（浅棕色1片）
回针法（绿色线）

回针法（白色线）

14 巧克力牌
（深棕色2片）
法国结针法（白色线）
Noel
回针法（白色线）

14 大片年轮
（浅棕色2片）

回针法（白色线）

14 树根蛋糕的本体（白色1片）

回针法（浅棕色线）

14 树根蛋糕的底部（白色1片）

9 瓶盖的上部
（灰色1片）

9 香槟的底部
（绿色1片）

10
酒杯的底座
（2个的量）
（水蓝色4片）

10 酒杯
（2个的量）
（水蓝色2片）

10
酒杯的腿
（2个的量）
（水蓝色2片）

9 瓶盖
（灰色2片）

9 标签
（浅棕色1片）（乳白色1片）

CHAMPAGNE

回针法（黑色线）

9 香槟酒瓶
（绿色2片）

标签的位置
（仅放在正面）

13 汤

●**制作方法**●

1. 给汤里加入面包片。

用毯边锁缝针法缝好面包片

汤

2. 制作杯子的轮廓。

汤杯的内侧 对折

把两边合起来，用毯边锁缝针法缝好

♥汤杯的外侧做法相同

3. 在汤杯内侧把汤缝合好。

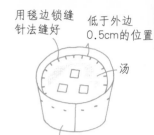

用毯边锁缝针法缝好

低于外边0.5cm的位置

汤

汤杯的内层

4. 套上汤杯外层，从下面填入棉花。

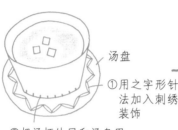

把汤杯的外层套上，用毯边锁缝针法缝好

汤杯的外层

填入棉花

5. 制作汤盘。

汤盘

①用之字形针法加入刺绣装饰

②把汤杯外层和汤盘用毯边锁缝针法来缝好

把第2片汤盘从下面对齐，用毯边锁缝针法缝边

●**制作完成**●

直径4.5cm

---

15 蜡烛

●**制作方法**●

1. 制作火苗。

外焰

用毯边锁缝针法缝好内焰

把2片外焰用毯边锁缝针法缝好

♥制作2片

2. 制作蜡烛主体。

蜡烛

把火焰贴在一边

抹上薄薄的胶水

上部用毯边锁缝针法缝好固定

卷好后，用毯边锁缝针法缝合固定

3. 制作枞叶。

周围用毯边锁缝针法

枞叶

枞叶

稍微叠搭一点，把5片枞叶缝在一起

把针留在线上

4. 把枞叶缝在蜡烛的下面。

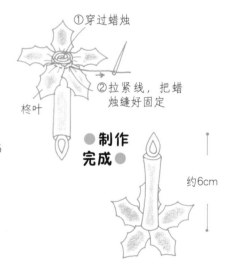

①穿过蜡烛

②拉紧线，把蜡烛缝好固定

●**制作完成**●

约6cm

---

8 小碟

●**制作方法**●

1. 在1片小碟上加入刺绣装饰。

之字形针法（黄色线）

小碟

加入刺绣装饰（仅在单侧一面作装饰）

2. 把2片小碟重叠在一起缝好。

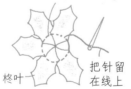

①把2片小碟用胶水粘好

②周围用毯边锁缝针法缝好

●**制作完成**●

直径3.8cm

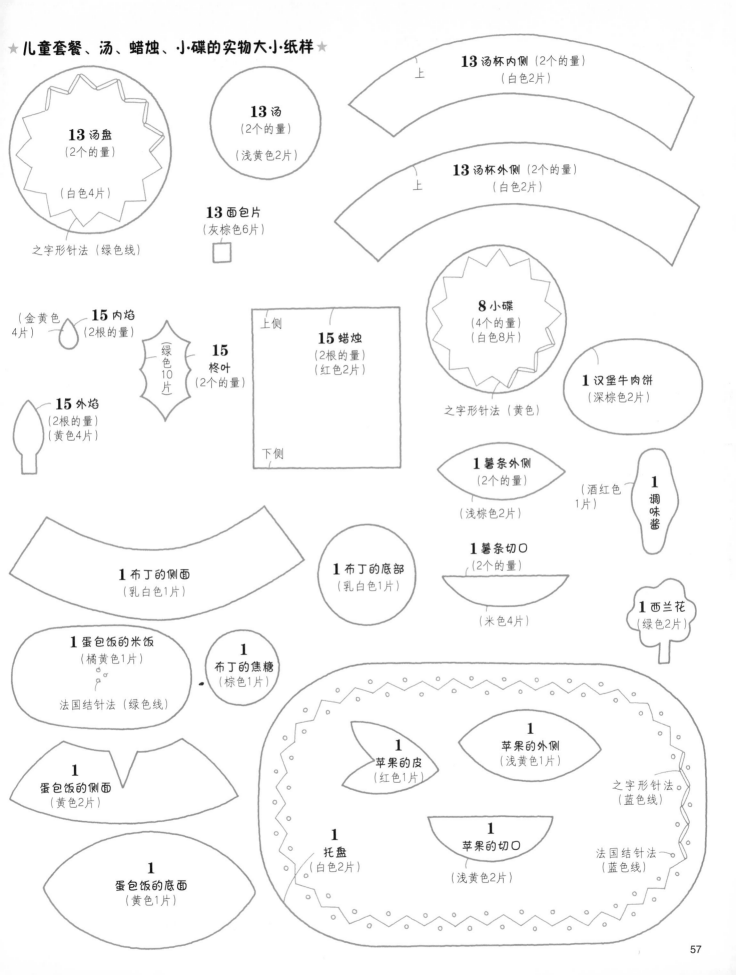

13 汤盘
(2个的量)

（白色4片）

之字形针法（绿色线）

13 汤
(2个的量)

（浅黄色2片）

13 面包片
（灰棕色6片）

13 汤杯内侧（2个的量）
（白色2片）
上

13 汤杯外侧（2个的量）
（白色2片）
上

（金黄色4片）
15 内焰
(2根的量)

（绿色10片）
15 柊叶
(2个的量)

上侧
15 蜡烛
(2根的量)
（红色2片）
下侧

8 小碟
(4个的量)
（白色8片）

之字形针法（黄色）

1 汉堡牛肉饼
（深棕色2片）

15 外焰
(2根的量)
（黄色4片）

1 薯条外侧
(2个的量)

（浅棕色2片）

（酒红色1片）
1 调味酱

1 布丁的侧面
（乳白色1片）

1 布丁的底部
（乳白色1片）

1 薯条切口
(2个的量)

（米色4片）

1 西兰花
（绿色2片）

1 蛋包饭的米饭
（橘黄色1片）

法国结针法（绿色线）

1 布丁的焦糖
（棕色1片）

1 苹果的皮
（红色1片）

1 苹果的外侧
（浅黄色1片）

之字形针法
（蓝色线）

1 蛋包饭的侧面
（黄色2片）

1 托盘
（白色2片）

1 苹果的切口
（浅黄色2片）

法国结针法
（蓝色线）

1 蛋包饭的底面
（黄色1片）

17 南瓜怪物

材料：实物大小纸样参考63页
- 不织布
  （橘黄色）20cm×20cm
  （黑色）5cm×5cm
  （黄绿色）10cm×5cm
- 25号刺绣线
  （橘黄色、黑色、黄绿色）各少许
- 棉花（木棉）少许
- 手工用胶水

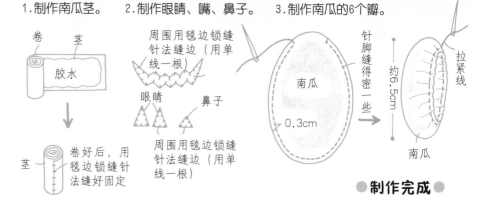

1. 制作南瓜茎。

卷　茎

胶水

茎　卷好后，用毯边锁缝针法缝好固定

2. 制作眼睛、嘴、鼻子。

周围用毯边锁缝针法缝边（用单线一根）

眼睛　　鼻子

周围用毯边锁缝针法缝边（用单线一根）

3. 制作南瓜的6个瓣。

针脚缝得密一些

南瓜　0.3cm

约6.5cm　拉紧线

南瓜

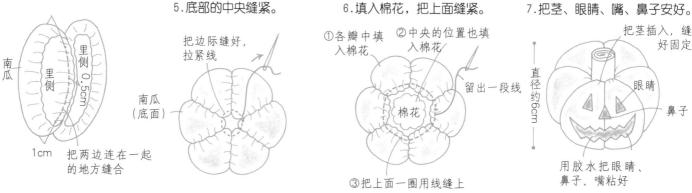

4. 把南瓜的6个瓣缝在一起。

南瓜　里侧　里侧 0.5cm

1cm　把两边连在一起的地方缝合

5. 底部的中央缝紧。

把边际缝好，拉紧线

南瓜（底面）

6. 填入棉花，把上面缝紧。

①各瓣中填入棉花　②中央的位置也填入棉花

留出一段线

棉花

③把上面一圈用线缝上

●制作完成●

7. 把茎、眼睛、嘴、鼻子安好。

把茎插入，缝好固定

直径约6cm　眼睛　鼻子

用胶水把眼睛、鼻子、嘴粘好

---

18 点心篮

材料：实物大小纸样参考62页
- 不织布
  （橘黄色）20cm×20cm
  （黑色）20cm×5cm
  （白色）5cm×5cm
- 25号刺绣线
  （橘黄色、黑色、白色）各少许
- 棉花（木棉）少许
- 手工用胶水

●制作方法●

1. 在标签上缝上贴花。然后缝好标签，把2片点心篮各自缝好。

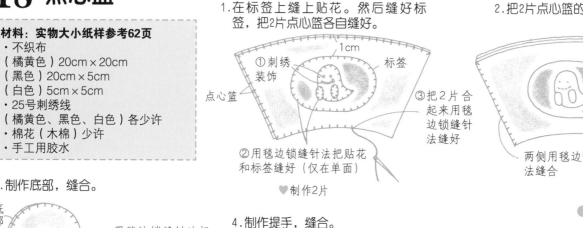

①刺绣装饰　1cm　标签

点心篮

②用毯边锁缝针法把贴花和标签缝好（仅在单面）

③把2片合起来用毯边锁缝针法缝好

♥制作2片

2. 把2片点心篮的侧面缝合。

点心篮

两侧用毯边锁缝针法缝合

3. 制作底部，缝合。

底部

底部

把2片底部合在一起，用毯边锁缝针法缝合

用毯边锁缝针法把底部和侧面缝好

底部

点心篮

4. 制作提手，缝合。

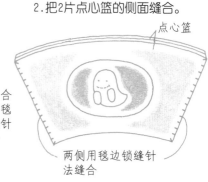

把2片提手合在一起，用毯边锁缝针法缝合

提手（黑色）

提手（橘黄色）

0.8cm

固定用的小球用毯边锁缝针法缝好（橘黄色一侧）

固定用的小球

提手　点心篮　1.3cm

提手的周围缝边　侧中线

●制作完成●

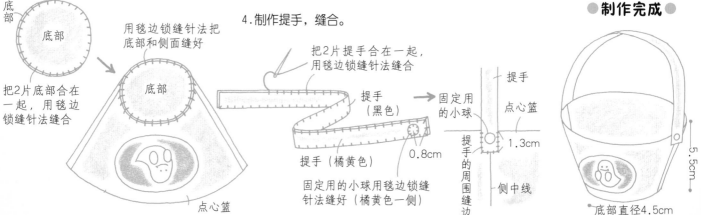

5.5cm

底部直径4.5cm

27 棒棒糖

材料（2个的量）：**实物大小纸样参考63页**
· 不织布
（紫色、粉红色）各10cm×10cm
（白色）10cm×5cm
（浅紫色、黄色、浅粉红色）各5cm×5cm
· 25号刺绣线
（紫色、粉红色、白色、浅紫色、浅粉红色）各少许
· 棉花（木棉）少许
· 手工用胶水

●制作方法●

1. 制作棒。

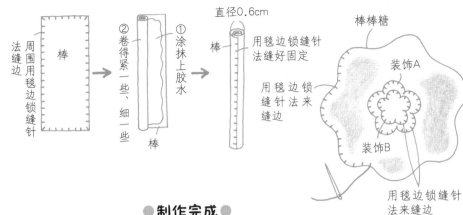

周围用毯边锁缝针法缝边 棒 ②卷得紧一些、细一些 ①涂抹上胶水 直径0.6cm 棒 用毯边锁缝针法缝好固定

2. 在糖上贴好装饰A和B。

棒棒糖
装饰A
用毯边锁缝针法来缝边
装饰B
用毯边锁缝针法来缝边

3. 糖果部分填入棉花，插入棒。

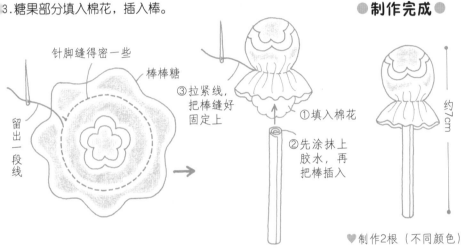

针脚缝得密一些
棒棒糖
留出一段线
③拉紧线，把棒缝好固定上

①填入棉花
②先涂抹上胶水，再把棒插入

●制作完成●

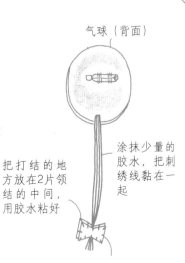

约7cm

♥制作2根（不同颜色）

19、20
南瓜气球和蝙蝠气球

材料（2个的量）：**实物大小纸样参考62页**
· 不织布
（黑色、橘黄色）各15cm×5cm
· 25号刺绣线
（黑色、橘黄色、黄绿色）各少许
· 2根2cm宽的别针
· 棉花（木棉）少许
· 手工用胶水

●制作完成●

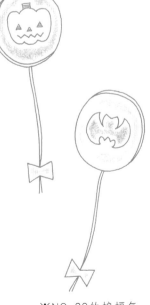

气球（背面）
涂抹少量的胶水，把刺绣线黏在一起

※NO.20的蝙蝠气球也用同样的做法

●制作方法●

1. 给气球加上贴花。

气球（黑色）
绸缎绣针法
之字形针法
用毯边锁缝针法缝好贴花

2. 制作气球。

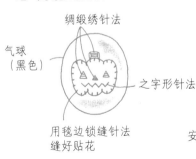

把2片合在一起，周围用毯边锁缝针法缝边
填入棉花

3. 后面加入别针，制作气球的绳子。

1.5cm
气球（背面）
安上别针
用针来缝好固定
0.3cm
6cm
（黑色2根）
打结

4. 在绳子上加上领结。

气球（背面）
把打结的地方放在2片领结的中间，用胶水粘好
周围用毯边锁缝针法缝边

25 巧克力块

材料（2块的量）：实物大小纸样参考62页
・不织布
（红色、蓝色）各15cm×5cm
（黄色）5cm×5cm
・25号刺绣线
（红色、蓝色、黄色、黄绿色、白色）各少许
・棉花（木棉）少许
・手工用胶水

● 制作方法 ●

1.加入贴花和刺绣装饰。

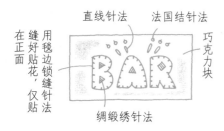

直线针法　法国结针法
在正面贴好贴花，仅贴　用毯边锁缝针法缝好　巧克力块
缎缎绣针法

2.给巧克力块周围缝边。

巧克力块
填入棉花
周围用毯边锁缝针法缝边

● 制作完成 ●

3.加入刺绣装饰。

采用直线针法一直透过背面缝制加入刺绣装饰
直线针法
3.2cm
6.2cm

---

23 糖果

材料（3个的量）：实物大小纸样参考62页
・不织布
（黄绿色、蓝色、粉红色）各10cm×5cm
・25号刺绣线
（深粉红色、粉红色、黄绿色、蓝色、绿色、靛蓝色、银色、金色）各少许
・棉花（木棉）少许

● 制作方法 ●

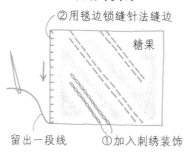

②用毯边锁缝针法缝边
糖果
留出一段线　①加入刺绣装饰

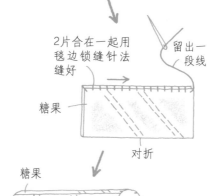

2片合在一起用毯边锁缝针法缝好
留出一段线
糖果
对折

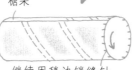

糖果
继续用毯边锁缝针法把两端缝边

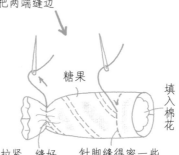

糖果
填入棉花
把线拉紧，缝好　针脚缝得密一些

● 制作完成 ●

6cm

---

24 饼干

材料（3块的量）：实物大小纸样参考63页
・不织布
（浅棕色）20cm×10cm
・25号刺绣线
（浅棕色、棕色）各少许
・手工用胶水

● 制作方法 ●

1.加入刺绣装饰。

饼干
法国结针法
（仅在饼干一面）

2.每两片饼干合在一起，缝边。

①用胶水把2片粘好
②周围用毯边锁缝针法缝边
饼干

3.周围加入刺绣装饰。

采用直线针法，一直透过背面加入，缝制刺绣装饰

● 制作完成 ●

4cm
♥制作3块

28 牛奶巧克力

材料：实物大小纸样参考63页
- 不织布
  （深棕色）20cm×5cm
  （棕色）15cm×10cm
  （灰色）10cm×10cm
- 25号刺绣线
  （深棕色、棕色、灰色、乳白色、米黄色）各少许
- 手工用胶水

● 制作方法 ●

1.制作银箔纸。

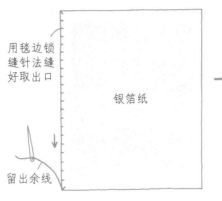

用毯边锁缝针法缝好取出口

银箔纸

留出余线

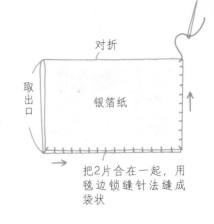

对折

取出口

银箔纸

把2片合在一起，用毯边锁缝针法缝成袋状

2.制作标签。

②侧面用毯边锁缝针法缝边

标签
①加入刺绣装饰
轮廓线迹针法

MILK CHOCO

回针法

把两侧对折合在一起，用毯边锁缝针法缝边

标签

MILK

对折

3.制作牛奶巧克力。

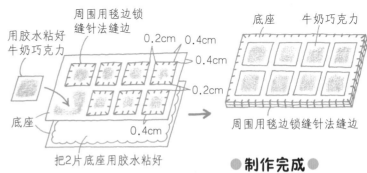

周围用毯边锁缝针法缝边

用胶水粘好牛奶巧克力

底座

0.2cm 0.4cm
0.4cm
0.2cm
0.4cm

把2片底座用胶水粘好

底座 牛奶巧克力

周围用毯边锁缝针法缝边

● 制作完成 ●

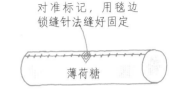

MILK CHOCO

4.7cm
7.5cm

---

26 薄荷糖

材料：实物大小纸样参考63页
- 不织布
  （黄色、灰色）各10cm×10cm
  （白色）5cm×5cm
- 25号刺绣线
  （黄色、水蓝色、白色、灰色）各少许
- 棉花（木棉）少许
- 手工用胶水

● 制作方法 ●

1.制作标签。

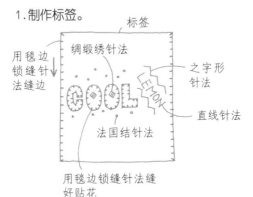

用毯边锁缝针法缝边

标签
缎缎绣针法

COOL
LEMON

之字形针法
直线针法
法国结针法

用毯边锁缝针法缝好贴花

2.把糖果做成圆筒形。

对准标记，用毯边锁缝针法缝好固定

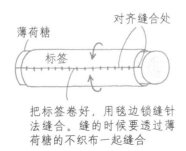

薄荷糖

3.给薄荷糖安上两侧的底面。

两侧的底面
①填入棉花
薄荷糖
②两侧的底面用毯边锁缝针法缝合

4.把标签卷在外面。

薄荷糖
对齐缝合处
标签

把标签卷好，用毯边锁缝针法缝合。缝的时候要透过薄荷糖的不织布一起缝合

● 制作完成 ●

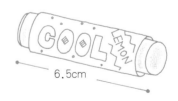

COOL
LEMON
6.5cm

61

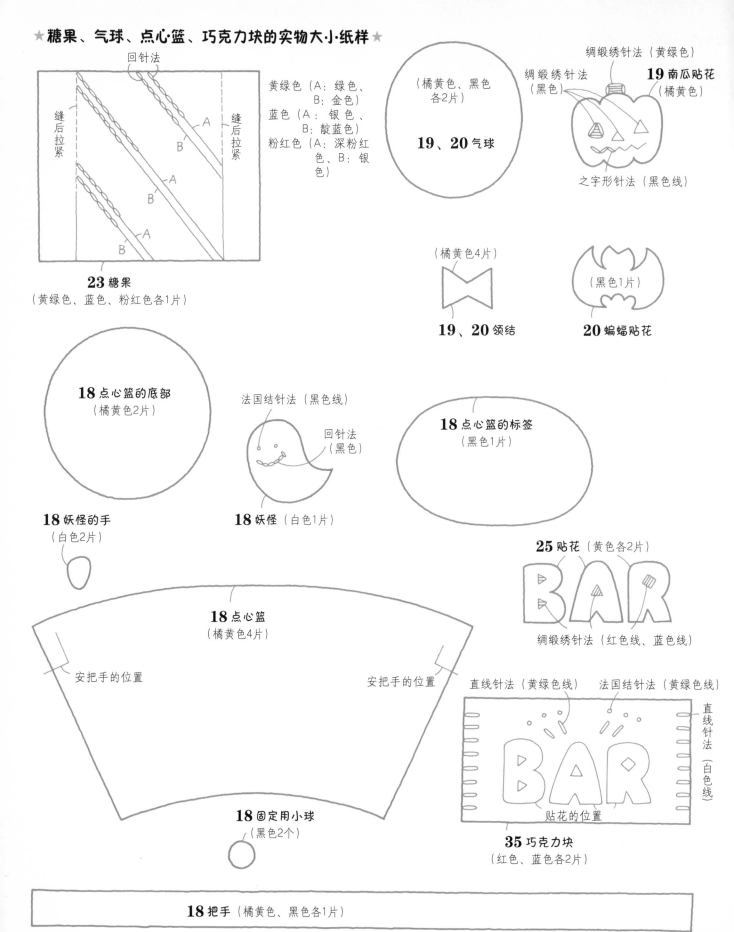

★ 糖果、气球、点心篮、巧克力块的实物大小·纸样 ★

回针法

缝后拉紧

缝后拉紧

A
B
A
B
A
B

23 糖果
（黄绿色、蓝色、粉红色各1片）

黄绿色（A：绿色、
　　　　B：金色）
蓝色（A：银色、
　　　B：靛蓝色）
粉红色（A：深粉红
　　　　色、B：银
　　　　色）

（橘黄色、黑色
各2片）

19、20 气球

绸缎绣针法（黄绿色）

绸缎绣针法
（黑色）

19 南瓜贴花
（橘黄色）

之字形针法（黑色线）

（橘黄色4片）

19、20 领结

（黑色1片）

20 蝙蝠贴花

18 点心篮的底部
（橘黄色2片）

法国结针法（黑色线）

回针法
（黑色）

18 点心篮的标签
（黑色1片）

18 妖怪的手
（白色2片）

18 妖怪（白色1片）

25 贴花（黄色各2片）

BAR

绸缎绣针法（红色线、蓝色线）

18 点心篮
（橘黄色4片）

安把手的位置

安把手的位置

直线针法（黄绿色线）　　法国结针法（黄绿色线）

BAR

直线针法（白色线）

贴花的位置

35 巧克力块
（红色、蓝色各2片）

18 固定用小球
（黑色2个）

18 把手（橘黄色、黑色各1片）

★ 南瓜怪物、棒棒糖、牛奶
巧克力、饼干、薄荷糖的
实物大小·纸样★

棒棒糖

（紫色、粉红色各1片）

缝后拉紧

17 鼻子
（黑色1片）

17 南瓜
（橘黄色6片）

17 嘴（黑色1片）

17 眼睛
（黑色2片）

27
棒棒糖装饰A
（浅紫色、浅
粉红色各1片）

27 棒棒糖的棒
（白色2片）

28 牛奶巧克力的标签
（棕色1片）

MILK CHOCO

回针法（米黄色）

轮廓线迹针法
（乳白色线）

26 薄荷糖的标签
（黄色1片）

法国结针法（水蓝色线）

COOL
LEMON

贴花的位置

之字形针法
（水蓝色）

27 棒棒糖装饰B

（黄色2片）

回针法（水蓝色）

直线针法（水蓝色）

17
南瓜的茎
（黄绿色1片）

28 牛奶巧克力的银箔纸
（灰色1片）

（深棕色
8片）

28 牛奶巧克力

折痕

26 薄荷糖
（灰色1片）

26 贴花

直线针法（黄色线）

COOL

（白色各1片）

26 薄荷糖两侧的底面

（灰色2片）

直线针法
（棕色）

法国结针法（棕色）

24 饼干
（浅棕色6片）

28 牛奶巧克力的底座
（深棕色2片）

21 女孩子

材料：实物大小纸样参考66页
- 不织布
  （肉色、黑色）各20cm×10cm
  （橘黄色）10cm×10cm
  （柠檬色、黄色）各5cm×5cm
- 小圆珠（黑色）2颗
- 极细马海毛毛线（米色）约4cm
- 厚纸5cm×13cm
- 25号刺绣线
  （橘黄色、黑色、肉色、黄色、柠檬色）各少许
- 棉花（木棉）少许
- 手工用胶水

●制作方法●

1.制作身体。

把两片合在一起用毯边锁缝针法缝边

身体

填入棉花

2.制作手臂。

手臂

把两片合在一起用毯边锁缝针法缝边

填入棉花

3.制作腿部。

把两片合在一起用毯边锁缝针法缝边

填入棉花

腿

4.制作靴子。

入口用毯边锁缝针法缝边

靴子

把两片合在一起用毯边锁缝针法缝边

了腿的插入口外侧用毯把腿的插入口用毯边锁缝针法缝，除

靴子

5.制作头部。

头部

周围用毯边锁缝针法缝边

头部

脸部

用毯边锁缝针法缝合

把小圆珠缝上

脸部

填入棉花

6.制作连衣裙。

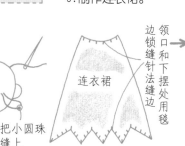

连衣裙

领口锁缝和下摆处用毯边锁缝针法缝边

领口

领口 领子

用毯边锁缝针法缝边

领子用毯边锁缝针法缝合（仅缝于正面）

领口

连衣裙的正面

连衣裙的后面

侧面用毯边锁缝针法缝合

连衣裙的正面

7.把腿安在身体上。

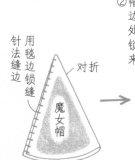

用针线穿过两边2～3次，来固定

身体

腿

靴子

8.穿上连衣裙后安装，缝合手臂。

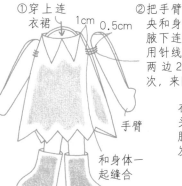

①穿上连衣裙

1cm 0.5cm

②把手臂的中央和身体的腋下连接处用针线穿过两边2～3次，来固定

手臂

和身体一起缝合

9.安上头部。

头部

缝合固定

把头发放在头部中央连接处，缝合固定

在额头和头后部用胶水把头发粘好

刘海儿剪到眼睛上方即可

10.制作头发，并贴上。

厚纸 把毛线卷15次

13cm

从侧面剪断

中间系好固定

后面

11.制作帽子。

用毯边锁缝针法缝边

对折

魔女帽

①帽边的外侧用毯边锁缝针法缝边

②帽子和帽边的连接处用毯边锁缝针法来缝合

帽子

帽边

领结用毯边锁缝针法来缝边

领结

帽子

帽边

1.2cm

折一下

缝合固定

绸缎带缠绕一圈，用胶水粘贴住

12.把帽子带上。

①帽子中填入棉花

②把帽子固定缝好

13.制作魔女棒。

● 制作完成 ●

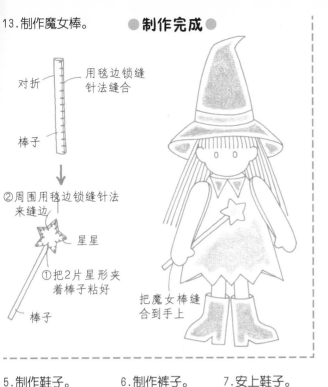

对折

用毯边锁缝
针法缝合

棒子

②周围用毯边锁缝针法
来缝边

星星

①把2片星形夹
着棒子粘好

棒子

把魔女棒缝
合到手上

---

22 男孩子

材料：实物大小纸样参考66页
· 不织布
（黑色）20cm×15cm
（白色）20cm×5cm
（肉色）10cm×5cm
· 小圆珠（黑色）2颗
· 极细马海毛毛线（棕色）约3cm
· 厚纸5cm×7cm
· 25号刺绣线
（黑色、白色、肉色）各少许
· 棉花（木棉）少许
· 手工用胶水

● 制作方法 ●

1.制作袖子。　2.制作手。

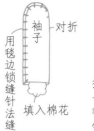

袖子　对折

用毯边锁缝针法缝合

填入棉花

填入棉花　手

把2片合在
一起，用
毯边锁缝
针法缝边

3.把手安上。　4.制作袖子并安上。

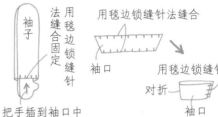

袖子

法缝合固定

用毯边锁缝针

把手插到袖口中

用毯边锁缝针法缝合

袖口

对折

用毯边锁缝针法缝合

袖口

把袖子套在袖口，用胶水粘好，对齐

袖子

袖口

手

8.制作腹带，安在身体上。

※身体的做法参照60页。

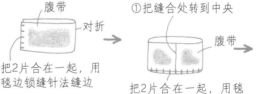

腹带　对折

把2片合在一起，用
毯边锁缝针法缝边

①把缝合处转到中央

腹带

把2片合在一起，用毯
边锁缝针法把下侧缝合

把腹带套在
身体部分上

身体

后面

上面用毯边锁缝针法缝合在身体上

腹带

5.制作鞋子。　6.制作裤子。　7.安上鞋子。

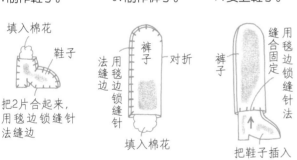

填入棉花

鞋子

把2片合起来，
用毯边锁缝针
法缝边

裤子　对折

用毯边锁缝针法缝边

填入棉花

裤子

用毯边锁缝针法

缝合固定

把鞋子插入

9.制作头发。

厚纸　7cm

把毛线卷20次

从侧面剪断　3cm

从侧面剪断

中间系好固定

10.把头发粘在头上。把头部、
身体、袖子、裤子连接起来。

※头的做法参照64页。

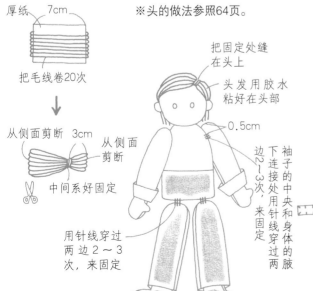

把固定处缝在头上

头发用胶水粘好在头部

0.5cm

用针线穿过两边2～3次，来固定

袖子的中央和身体的腋下连接处用针线穿过两边2～3次，来固定

11.制作帽子。

②把顶部和帽子缝合

毯边锁缝针法

①把帽子缝合

③填入棉花

②周围用毯边锁缝针法锁缝

帽边

①把2片帽边用胶水粘好

帽子

帽檐

用毯边锁缝针法缝合

12.制作领带。

周围用毯边锁缝针法缝合

领带

2cm

领带

中央用线来缝合固定

领结

周围用毯边锁缝针法缝边

领带

把领结用胶水粘到帽子上

缝合固定

13.制作披风，粘贴。

留出余线

头部

②拉紧缝合处的线，并缝合到身体上

②针脚缝得密一些

披风

①把线拉紧至2.2cm

①周围用毯边锁缝针法缝边

披风

● 制作完成 ●

把帽子缝合到头部上

把领带缝好

★ 女孩子、男孩子的实物大小·纸样 ★

21 帽子、王冠（黑色1片）
上侧
22 袖口（白色2片）

21 帽子边（黑色1片）

21 帽子的领结（橘黄色1片）

21 手臂（肉色）
（对称2片，一组共4片）

21 连衣裙（橘黄色2片）

21 星形魔女棒（柠檬黄色1片）

21 星星（黄色2片）

21、22 脸部（肉色各1片）
眼睛（小圆珠）

21、22 身体
男（白色2片）
女（肉色2片）

21 靴子（黑色）
（对称2片，一组共4片）

22 裤子（黑色2片）
折痕（腋下一侧）

21 腿（肉色）
（对称2片，一组共4片）

21、22 头部（肉色各1片）
领口
21 领子 内侧
（黑色，对称的2片）

22 袖子（白色2片）
折痕（前侧）

22 披风（黑色1片）
连接位置

22 帽子边（黑色2片）

22 手（肉色、对称2片，一组共4片）

22 腹带（黑色1片）

22 帽子的顶部（黑色1片）

22 鞋子（黑色）
（对称2片，一组共4片）

22 帽子领结（白色1片）

22 帽子王冠（黑色1片）

22 领带（黑色1片）

41 口风琴

材料：实物大小纸样参考66页
· 不织布
（水蓝色、柠檬色）各20cm×
5cm
（白色）10cm×5cm
（黑色）5cm×5cm
· 25号刺绣线
（水蓝色、柠檬色、白色、黑色）
各少许
· 棉花（木棉）少许
· 手工用胶水

● **制作方法** ●

1.在底座上安装好键盘，加入刺绣装饰。

2.安装黑键。

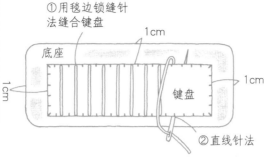

①用毯边锁缝针
法缝合键盘

底座

1cm

1cm

键盘

1cm

②直线针法

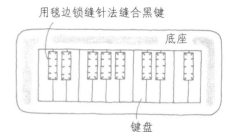

用毯边锁缝针法缝合黑键

底座

键盘

3.制作吹管，安装吹口。

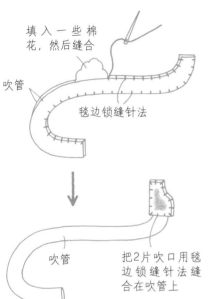

填入一些棉
花，然后缝合

吹管

毯边锁缝针法

吹管

把2片吹口用毯
边锁缝针法缝
合在吹管上

4.把2片底座夹住吹管来缝合。

● **制作完成** ●

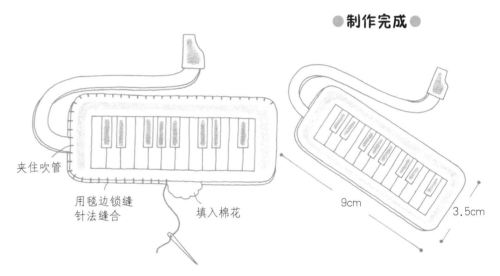

夹住吹管

用毯边锁缝
针法缝合

填入棉花

9cm

3.5cm

★ **口风琴的实物大小·纸样** ★

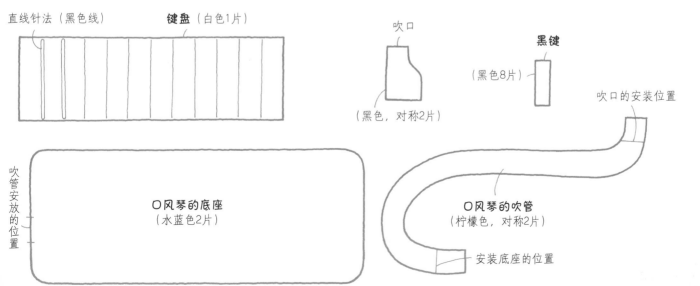

直线针法（黑色线）　**键盘**（白色1片）

吹口

黑键

（黑色8片）

（黑色，对称2片）

吹口的安装位置

吹管安放的位置

口风琴的底座
（水蓝色2片）

口风琴的吹管
（柠檬色，对称2片）

安装底座的位置

30 双肩背包

材料：实物大小纸样参考69页
- 不织布
（红色）20cm×20cm 2片
（白色）20cm×10cm
- 厚纸17cm×7cm
- 25号刺绣线
（红色、白色）各少许
- 棉花（木棉）少许
- 手工用胶水

●制作方法●

1.把固定部分的周围缝合，安上底面。

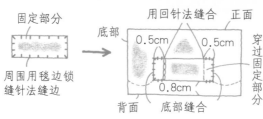

固定部分　　底部　　用回针法缝合　正面
0.5cm　0.5cm　穿过固定部分
周围用毯边锁缝针法缝边　0.8cm
背面　底部缝合

2.制作底部。

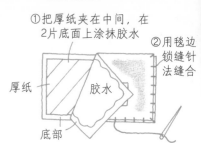

①把厚纸夹在中间，在2片底面上涂抹胶水
②用毯边锁缝针法缝合
厚纸　胶水　底部

3.制作背带。

把2片合在一起，周围用毯边锁缝针法缝合
肩带（白色）　肩带（红色）
♥制作2片

4.把厚纸粘在背面的不织布上。

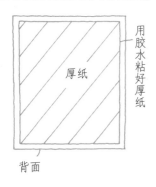

厚纸　用胶水粘好厚纸
背面

5.把肩带安在另一片的背面和固定部分之间。

肩带（红色）（白色）
1.3cm（白色）（红色）
用毯边锁缝针法缝合
把肩带夹在中间
肩带的固定部分
背面

6.对齐缝合背面。

把2片背面用胶水粘好，周围用毯边锁缝针法缝边
背面　肩带　背面

7.制作拼条。

①把2片用胶水粘好
拼条　②周围用毯边锁缝针法缝边
拼条
♥制作2片

8.制作提手。

拼条、提手
周围用毯边锁缝针法缝边

9.制作正面。

①把厚纸夹在中间，2片正面用胶水粘好
正面
厚纸　胶水　②用毯边锁缝针法缝合

10.夹好拼条提手，缝合背面、前面、盖子和底部。

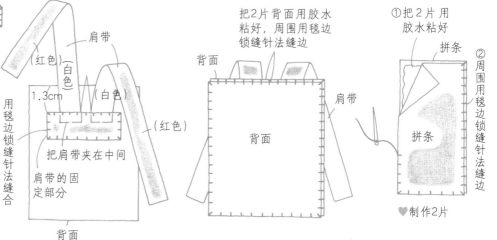

把拼条提手安好缝合（仅右侧）
左拼条　背面
右拼条　2.5cm
正面　拼条提手
用毯边锁缝针法缝合
底面

11.制作盖子固定的部分。

①把2片用胶水粘好
盖子的固定部分
②周围用毯边锁缝针法缝合

12.夹住固定部分，把2片盖子缝合。

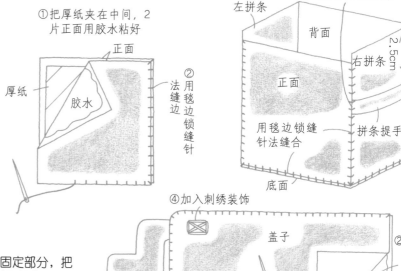

④加入刺绣装饰
盖子
②把2片盖子用胶水粘好
①把盖子的固定部分安好
③用毯边锁缝针法缝合
胶水

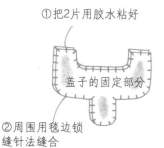

13.安上盖子。

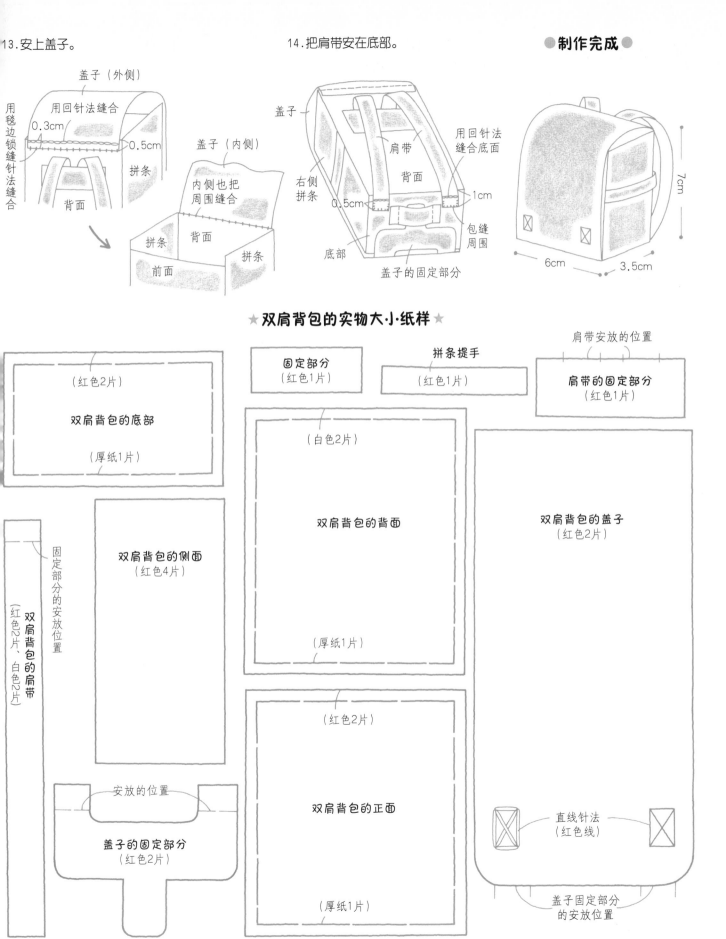

盖子（外侧）

用回针法缝合

0.3cm

0.5cm

用毯边锁缝针法缝合

背面

拼条

盖子（内侧）

内侧也把周围缝合

拼条

背面

拼条

前面

14.把肩带安在底部。

盖子

肩带

右侧拼条

0.5cm

底部

用回针法缝合底面

背面

1cm

包缝周围

盖子的固定部分

●制作完成●

7cm

6cm

3.5cm

★ 双肩背包的实物大小·纸样 ★

（红色2片）

双肩背包的底部

（厚纸1片）

固定部分

（红色1片）

拼条提手

（红色1片）

肩带安放的位置

肩带的固定部分

（红色1片）

（白色2片）

双肩背包的背面

（厚纸1片）

双肩背包的盖子

（红色2片）

固定部分的安放位置

双肩背包的侧面

（红色4片）

双肩背包的肩带

（红色2片、白色2片）

安放的位置

盖子的固定部分

（红色2片）

（红色2片）

双肩背包的正面

（厚纸1片）

直线针法

（红色线）

盖子固定部分的安放位置

31、32 日本语文教科书和日本数学教科书

31 材料：实物大小纸样参考71页
· 不织布
（白色）20cm×10cm
（橘黄色）10cm×10cm
（黄色）5cm×5cm
· 25号刺绣线
（白色、黄绿色、橘黄色）各少许
· 棉花（木棉）少许
· 手工用胶水

32 材料：实物大小纸样参考71页
· 不织布
（白色）20cm×10cm
（黄绿色）10cm×10cm
（蓝色、橘黄色）各5cm×5cm
· 25号刺绣线
（白色、黄绿色、橘黄色、蓝色、黑色）各少许
· 棉花（木棉）少许
· 手工用胶水

●制作方法●

1. 给各页加入刺绣装饰。

语文书的1页

回针法

♥用同样方法来做2～4页

2. 把1和2页，3和4页缝合。

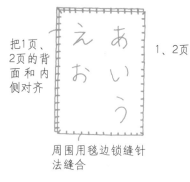

把1页、2页的背面和内侧对齐

周围用毯边锁缝针法缝合

♥3、4页用同样方法来制作

3. 把2片内页对齐，书脊部分用毯边锁缝针法缝合。

3、4页

1、2页

对齐内页，缝针法缝合，用毯边锁

4. 制作封面。

加入刺绣装饰

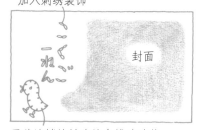

封面

用毯边锁缝针法缝合雏鸡贴花

5. 用封面夹住内页，用回针法把表面和内侧缝合。

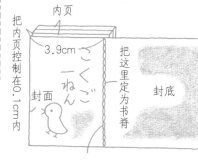

内页

把内页控制在0.1cm内

3.9cm

封面

把这里定为书脊

封底

把4页对齐，用回针法缝合

封底　0.1cm

3.9cm

对折

另一侧封面

用回针法透过1、2页缝合在一起

♥注意封面外面和缝合处的位置

6. 把上下书脊缝好固定。

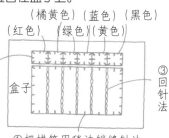

上下两侧用线缠绕2～3次，拉紧

●制作完成●

5.5cm

大约4.5cm

●制作完成●

左侧为书脊

♥和语文书制作方法相同

---

40 蜡笔

材料：实物大小纸样参考71页
· 不织布
（白色）10cm×5cm
（柠檬色、橘黄色、绿色、蓝色、黄色、黑色、红色）各5cm×5cm
· 25号刺绣线
（白色、柠檬色、红色、橘黄色、绿色、蓝色、黄色、黑色）各少许
· 棉花（木棉）少许
· 手工用胶水

●制作方法●

1. 把蜡笔和蜡笔头缝合在盒子上。

②把蜡笔头用胶水贴好，周围用毯边锁缝针法缝合

（橘黄色）（蓝色）（黑色）
（红色）（绿色）（黄色）

盒子

③回针法

①把蜡笔用毯边锁缝针法缝合在盒子的中央

2. 加入刺绣装饰。

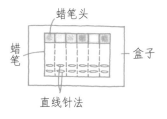

蜡笔头

蜡笔

盒子

直线针法

3. 把2片盒子缝合在一起，填入棉花。

把2片合在一起，周围用毯边锁缝针法缝合

填入棉花

●制作完成●

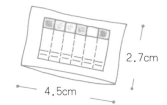

2.7cm

4.5cm

回针法（黑色线）

SKETCHBOOK

39 连环画
（深绿色2片、白色3片）

回针法（柠檬色线）

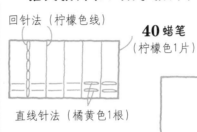

40 蜡笔
（柠檬色1片）

直线针法（橘黄色1根）

40 蜡笔头
上

（红色、橘黄
色、绿色、蓝
色、黄色、黑
色，各1片）

40 蜡笔盒
（白色2片）

---

31 语文第1页

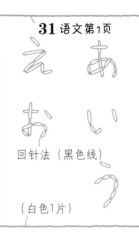

回针法（黑色线）

（白色1片）

31 语文第2页

回针法（黑色线）

（白色1片）

31 语文第3页

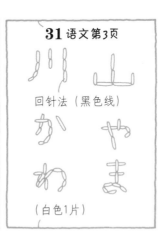

回针法（黑色线）

（白色1片）

31 语文第4页

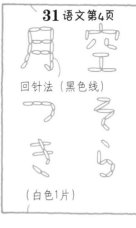

回针法（黑色线）

（白色1片）

31 雏鸡贴花

（黄色1片）

---

32 数学书第1页

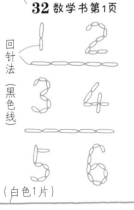

回针法（黑色线）

（白色1片）

32 数学书第2页

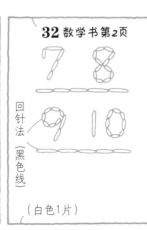

回针法（黑色线）

（白色1片）

32 数学书第3页

回针法（黑色线）

（白色1片）

32 数学书第4页

回针法（黑色线）

（白色1片）

32 气球贴花

（蓝色1片、
橘黄色1片）

法国结针法（黑色）
回针法（黑色）

直线针法（黑色线）

31 语文书封面
（橘黄色1片）

雏鸡贴花安放的位置

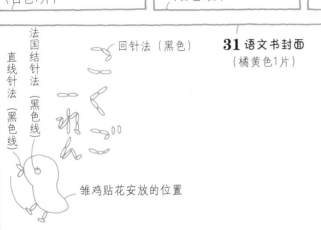

32 数学书封面
（黄绿色1片）

回针法（黑色线）

气球贴花安放的位置

蓝色

橘黄色

回针法（黑色线）

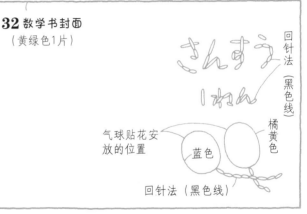

38 运动服和运动服袋

材料：实物大小纸样参考77页
· 不织布
（白色）15cm × 5cm
（粉红色）10cm × 10cm
（深蓝色）10cm × 5cm
（深粉红色、黄色）各5cm × 5cm
· 25号刺绣线
（白色、粉红色、深粉红色、黄色、黑色、深蓝色）各少许
· 直径为0.2cm的圆绳25cm
· 手工用胶水

● 运动服的制作方法 ●

1.在号码布和运动服的前面加入刺绣装饰。缝合号码布。

③加入刺绣装饰

②用毯边锁缝针法缝合号码布

1.5cm 前面

①号码布加入刺绣装饰

2.缝制运动服前面的袖口、下摆和领子。

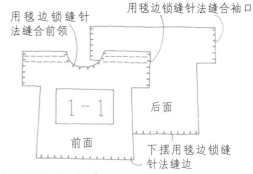

用毯边锁缝针法缝合前领

用毯边锁缝针法缝合袖口

后面

1-1

下摆用毯边锁缝针法缝边

3.把前后合在一起，缝合肩线和腋下部分。

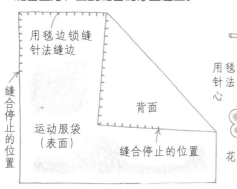

把2片合在一起，用毯边锁缝针法缝合肩部与后面的领子部分

把2片合在一起，用毯边锁缝针法缝合腋下和袖子

1-1

前面

后面

● 运动服制作完成 ●

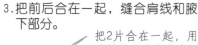

1--1

前面

4.6cm

● 裤子的制作方法 ●

1.在裤子前面加入刺绣装饰。缝出前后裤子的腰部和裤线。

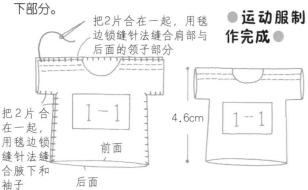

③用毯边锁缝针法缝合腰部（仅在前面）

前面

①加入刺绣装饰

②用毯边锁缝针法缝出裤腿

2.把前后面合在一起缝合。

后面

前面

①大腿外侧用毯边锁缝针法缝合

②裆下用毯边锁缝针法缝合

♥裤子后面用同样方法缝制

● 裤子制作完成 ●

2.8cm

● 运动服袋的制作方法 ●

1.缝合上方，直到缝合的停止位置。

用毯边锁缝针法缝边

背面

运动服袋（表面）

缝合停止的位置

缝合停止的位置

2.粘上贴花。把上面折起，用回针法缝合。穿过圆绳。

③把25cm长的圆绳穿过

0.7cm 折起

②回针法

①用毯边锁缝针法缝合贴花

用毯边锁缝针法缝合花心

运动服袋（表面）

花朵贴花

1cm

1cm

3.对折，把侧面和下面缝合。

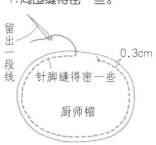

对折

（表面）

打结

缝合停止的位置

用毯边锁缝针法缝合

● 运动服袋制作完成 ●

7.6cm

5cm

43 厨师物品

材料：实物大小纸样参考77页
· 不织布
（白色）20cm × 15cm
· 4个直径为0.7cm的纽扣
· 25号刺绣线
（白色、黑色）各少许
· 直径为0.2cm的圆绳25cm

● 厨师帽的制作方法 ●

1.周围缝得密一些。

留出一段线

针脚缝得密一些

0.3cm

厨师帽

2.拉紧线，缝合。

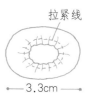

拉紧线

3.3cm

● 厨师帽制作完成 ●

● **厨师服的制作方法** ●

1.把前后襟和前侧缝边。

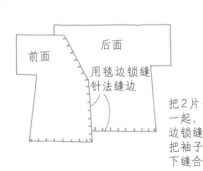

前面

后面

用毯边锁缝
针法缝边

把2片合在一起，用毯边锁缝针法把袖子和腋下缝合

2.把前后对齐，把肩线和腋下部分缝合。

把2片合在一起，用毯边锁缝针法把肩部和后领缝合

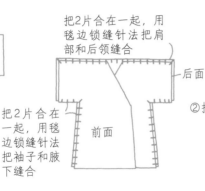

后面

前面

3.袖口缝合拉紧。安上扣子。

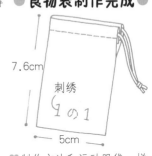

留出一段线

0.3cm

②拉紧线

①针脚缝得密一些

安扣子（仅安装在前面右侧）

● **厨师服制作完成** ●

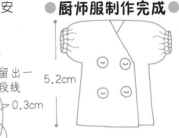

5.2cm

● **食物袋制作完成** ●

7.6cm

刺绣
1 の 1

5cm

♥制作方法和运动服袋一样

33、34 拖鞋和拖鞋袋

材料：实物大小纸样参考76页
· 不织布
（粉红色、白色）各20cm×5cm
（深粉红色）15cm×5cm
（红色）10cm×5cm
（黄色）5cm×5cm
· 25号刺绣线
（深粉红色、粉红色、白色、红色、黄色）各少许
· 手工用胶水

● **拖鞋的制作方法** ●

1.把2片拖鞋缝合。

把2片合在一起，用毯边锁缝针法缝合

拖鞋

2.把2片底面粘好。

底面（白色）

底面（红色）

把2片底面用胶水粘好

3.把底面缝合。

内底为白色

线为红色

把底面用毯边锁缝针法缝合在一起

4.把脚尖部分套上缝合。

把脚尖部分重叠在拖鞋上，用毯边锁缝针法缝合

● **拖鞋制作完成** ●

约4cm

3.制作底面，安装好。

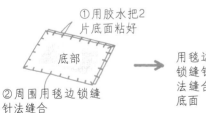

①用胶水把2片底面粘好

底部

②周围用毯边锁缝针法缝合

用毯边锁缝针法缝合底面

底部

侧面

鞋袋

● **拖鞋袋的制作方法** ●

1.缝合贴花和侧面。

③鞋袋和侧面用毯边锁缝针法缝合

♥制作2片

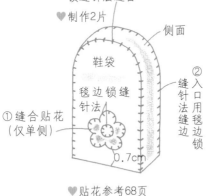

侧面

鞋袋

毯边锁缝针法

②缝针法用毯边锁缝边

①缝合贴花（仅单侧）

0.7cm

♥贴花参考68页

2.把前后鞋袋对合在一起，从下面开始1.5cm处缝合。

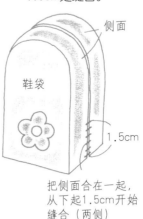

侧面

鞋袋

1.5cm

把侧面合在一起，从下起1.5cm开始缝合（两侧）

4.制作提手。

用毯边锁缝针法给提手缝边

提手

● **拖鞋袋制作完成** ●

5.安装提手。

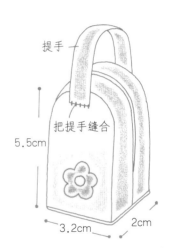

提手

把提手缝合

5.5cm

3.2cm

2cm

42 午餐、餐具

材料：实物大小纸样参考77页
·不织布
（柠檬色）20cm×15cm
（白色）20cm×5cm
（灰色、棕色、蓝色、绿色、黄绿色、黄色、红色、橘黄色）各5cm×5cm
·25号刺绣线
（柠檬色、白色、灰色、棕色、蓝色、绿色、黄绿色、黄色、红色、橘黄色）各少许
·厚纸8cm×5cm
·棉花（木棉）少许
·手工用胶水

●沙拉的制作方法●

1.制作鸡蛋。

用毯边锁缝针法缝合蛋黄　　把2片蛋白用毯边锁缝针法缝合

2.制作黄瓜、番茄、生菜。

黄瓜

把2片黄瓜一组的用毯边锁缝针法缝合

把2片番茄一组的用毯边锁缝针法缝合

番茄

生菜

周围用毯边锁缝针法缝边

●牛奶的制作方法●

加入刺绣装饰

把牛奶和侧面用毯边锁缝针法缝合

填入棉花

●牛奶制作完成●

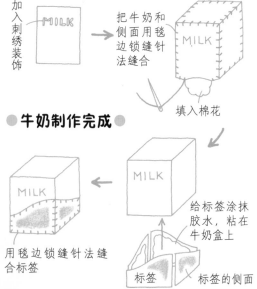

用毯边锁缝针法缝合标签

给标签涂抹胶水，粘在牛奶盒上

标签

标签的侧面

●咖喱饭的制作方法●

1.制作咖喱饭。

上部用毯边锁缝针法缝边

底部用毯边锁缝针法缝边

米饭

米饭

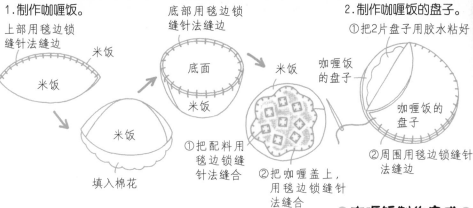

底面

米饭

米饭

填入棉花

①把配料用毯边锁缝针法缝合

②把咖喱盖上，用毯边锁缝针法缝合

4.配置蔬菜。

①把生菜的根缝在盘子上

黄瓜

生菜

番茄

③把番茄缝在盘子上

②把黄瓜的一侧缝在盘子上

盘子

生菜

番茄

鸡蛋

把蛋白的后面缝在盘子上

3.制作沙拉盘子。

●沙拉制作完成●

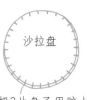

沙拉盘

把2片盘子用胶水粘好，周围用毯边锁缝针法缝边

●托盘的制作方法●

②在厚纸上涂抹胶水，把另一片不织布粘好

厚纸

①用好厚纸胶水粘

托盘

③周围用毯边锁缝针法缝合

2.制作咖喱饭的盘子。

①把2片盘子用胶水粘好

咖喱饭的盘子

咖喱饭的盘子

②周围用毯边锁缝针法缝边

●咖喱饭制作完成●

●勺子和叉子的制作方法●

1.制作勺子。

把2片勺子用毯边锁缝针法缝合

2.制作叉子。

把2片叉子用毯边锁缝针法缝合

●午餐制作完成●

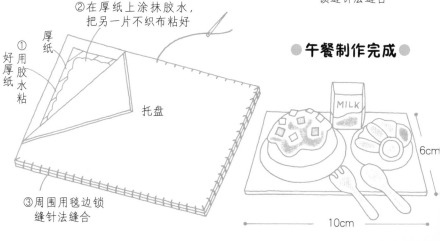

6cm

10cm

36、37 铅笔袋和铅笔

材料：实物大小纸样参考76页
· 不织布
（粉红色）10cm×5cm
（深粉红色、绿色、水蓝色、黄色）
各5cm×5cm
· 25号刺绣线
（粉红色、深粉红色、黄色、绿色、
水蓝色、黑色）各少许
· 棉花（木棉）少许
· 手工用胶水

2.缝合贴花。

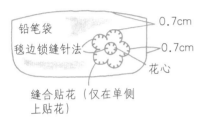

铅笔袋
毯边锁缝针法
0.7cm
0.7cm
花心
缝合贴花（仅在单侧
上贴花）

●铅笔袋制作完成●

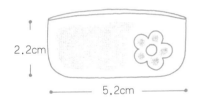

2.2cm
5.2cm

●铅笔袋的制作方法●

1.缝合入口。

用毯边锁缝针法（深
粉红色）缝合入口

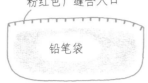

铅笔袋

3.缝边。

铅笔袋

把2片合在一起，用毯
边锁缝针法缝合

●铅笔的制作方法●

1.加入刺绣装饰。

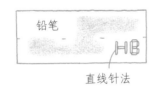

铅笔
HB
直线针法

2.缝出铅笔的形状，填入棉花。

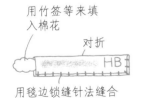

用竹签等来填
入棉花
对折
HB
用毯边锁缝针法缝合

②铅笔连接处的周
围用毯边锁缝针
法缝边
对折
笔帽
HB
①用毯边锁缝针
法来缝合

3.安装笔帽。

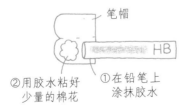

笔帽
HB
②用胶水粘好
少量的棉花
①在铅笔上
涂抹胶水

●铅笔制作完成●

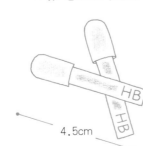

HB
HB
4.5cm

39 笔记本

材料：实物大小纸样参考71页
· 不织布
（白色）20cm×10cm
（深绿色）20cm×5cm
· 25号刺绣线
（白色、深绿色、黑色）各少许

●制作方法●

1.在封面上加入刺绣装饰。

SKETCHBOOK
加入刺绣装饰
（深绿色、仅在单面
上装饰）
周围用毯边锁缝针法缝边

2.把内页（白色、3片）的周围缝边。

（白色）
周围用毯边锁缝针法缝边

3.把5片重合起来，上侧用线缝好固定。

（深绿色）
0.3cm
SKETCHBOOK
（白色）
（深绿色）
（白色、4根线）

把5片重合起来，注意线不要拉得太紧，
针脚缝得较宽一些（要像弹簧般的效果）

●制作完成●

SKETCHBOOK
5cm
7cm

35 手提包

材料：实物大小纸样参考76页
- 不织布
  （粉红色）10cm×5cm
  （深粉红色）10cm×5cm
  （黄色）5cm×5cm
- 25号刺绣线
  （粉红色、深粉红色、黄色）各少许
- 手工用胶水

●制作方法●

1.制作提手。

把2片提手用胶水粘好，周围用毯边锁缝针法缝边

提手

♥制作2片

●制作完成●

5cm

对折

7cm

把2片合在一起，用毯边锁缝针法缝合

4.缝合侧面。

2.加入刺绣装饰和贴花。入口用毯边锁缝针法缝边。

③毯边锁缝针法

毯边锁缝针法

①加入刺绣装饰
②制作贴花，粘贴好

手提包

③入口处用毯边锁缝针法缝边
♥贴花参照运动服袋的做法

3.安上把手。

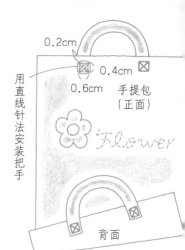

0.2cm
0.4cm
0.6cm
手提包（正面）

用直线针法安装把手

背面

★拖鞋、拖鞋袋、铅笔袋、铅笔、手提包的实物大小·纸样★

35 手提包、拖鞋袋的贴花花心
（黄色各1片）

35 手提包、拖鞋袋的贴花
（深粉红色各1片）

36 铅笔袋的花心装饰
（黄色1片）

37 铅笔笔帽
折痕
黄色、水蓝色各1片

33 拖鞋的脚尖处
（红色2片）

安把手的位置

36 铅笔袋的花形贴花
（深粉红色1片）

36 铅笔袋
（粉红色2片）

安把手的位置

35 手提包
（粉红色1片）

回针法（深粉红色）

Flower

34 放拖鞋的袋子
（粉红色2片）

33 脚后跟、拖鞋的底面
（白色、红色各2片）

安装笔帽位置

绿色2片

37 铅笔
（黑色线）
折痕

直线针法

折痕

35 把手
（深粉红色4片）

安放的位置

脚后跟

33 拖鞋
（白色，对称2片1组共4片）

34 拖鞋袋底面
（粉红色2片）

34 拖鞋袋的提手（深粉红色1片）

安放把手的位置

34 拖鞋袋侧面（深粉红色2片）

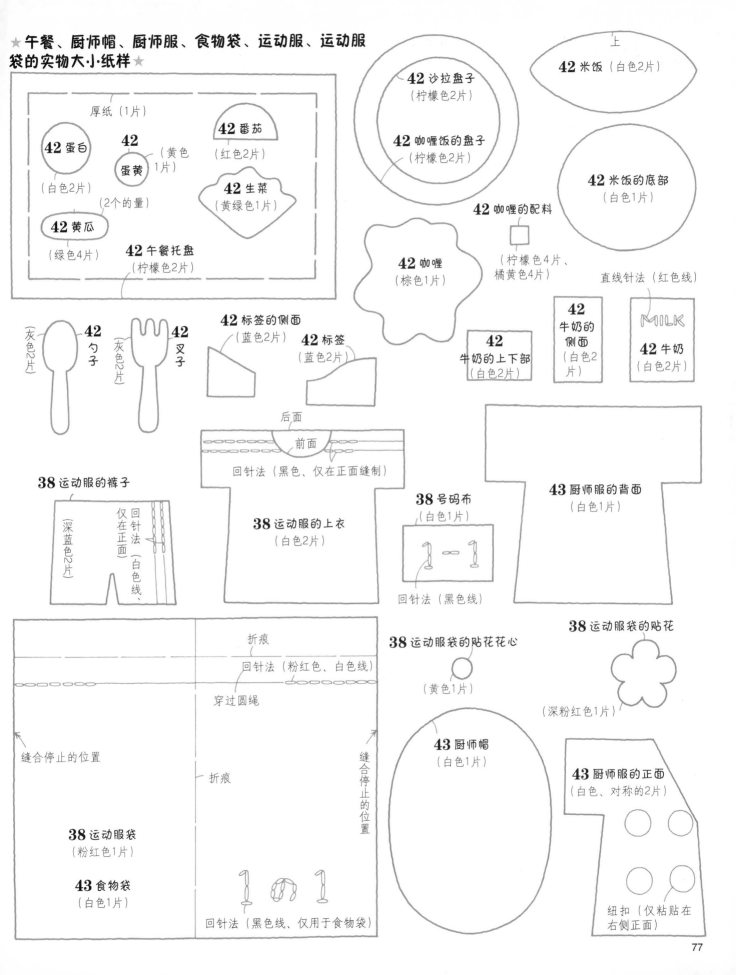

42 沙拉盘子
(柠檬色2片)

42 咖喱饭的盘子
(柠檬色2片)

上
42 米饭（白色2片）

42 米饭的底部
(白色1片)

厚纸（1片）

42 蛋白
（白色2片）

42
蛋黄
（2个的量）

（黄色1片）

42 番茄
（红色2片）

42 生菜
（黄绿色1片）

42 黄瓜
（绿色4片）

42 午餐托盘
（柠檬色2片）

42 咖喱的配料
（柠檬色4片、橘黄色4片）

42 咖喱
（棕色1片）

直线针法（红色线）

42 牛奶的上下部
（白色2片）

42 牛奶的侧面
（白色2片）

42 牛奶
（白色2片）

灰色2片 **42 勺子**

灰色2片 **42 叉子**

42 标签的侧面
（蓝色2片）

42 标签
（蓝色2片）

后面
前面
回针法（黑色、仅在正面缝制）

38 运动服的上衣
（白色2片）

38 号码布
（白色1片）

回针法（黑色线）

43 厨师服的背面
（白色1片）

38 运动服的裤子

（深蓝色2片）

仅在正面（白色线、回针法

折痕
回针法（粉红色、白色线）
穿过圆绳
折痕

缝合停止的位置

缝合停止的位置

38 运动服袋
（粉红色1片）

43 食物袋
（白色1片）

回针法（黑色线、仅用于食物袋）

38 运动服袋的贴花花心
（黄色1片）

38 运动服袋的贴花
（深粉红色1片）

43 厨师帽
（白色1片）

43 厨师服的正面
（白色、对称的2片）

纽扣（仅粘贴在右侧正面）

44 小狗

材料：实物大小纸样参考83页
- 不织布
 （土黄色）20cm×10cm
 （棕色、黑色）各5cm×5cm
- 圆珠子（3mm、黑色）2颗
- 25号刺绣线
 （土黄色、棕色、黑色、深棕色）各少许
- 手工用胶水
- 棉花（木棉）少许

●制作方法●

1.缝合身体的C～D部分。

把2片合在一起，用毯边锁缝针法缝边

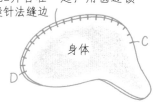

身体

C

D

2.缝合腹部和身体，填入棉花。

用毯边锁缝针法缝合

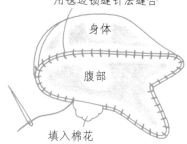

身体

腹部

填入棉花

3.制作脸部。

用毯边锁缝针法缝合

脸部中央

用毯边锁缝针法缝合

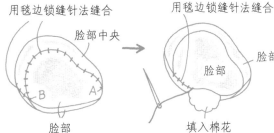

脸部的中央

脸部

B   A

脸部

填入棉花

4.制作耳朵。

周围用毯边锁缝针法缝边

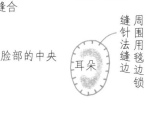

耳朵

5.在脸部粘贴上耳朵、鼻子、嘴。

把耳朵缝好

1cm

0.7cm

1.2cm

1.4cm

粘贴眼睛（珠子）

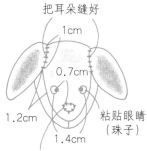

用毯边锁缝针法缝好鼻子

6.制作尾巴。

把2片合在一起，用毯边锁缝针法缝合

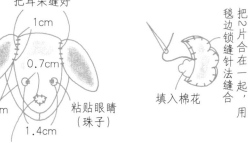

填入棉花

7.把头部和尾巴粘贴在身体上。

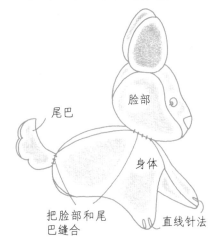

尾巴

脸部

身体

把脸部和尾巴缝合

直线针法

8.制作腿部。

用毯边锁缝针法缝合

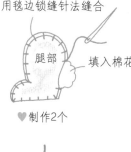

腿部

填入棉花

♥制作2个

腿部

直线针法

9.将腿部与身体部分缝合，缝得松一些，让两腿可活动。

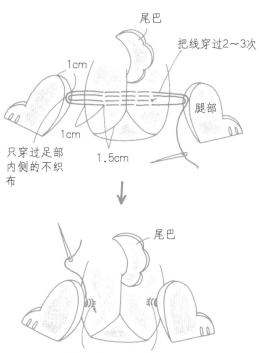

尾巴

1cm

把线穿过2～3次

腿部

1cm

1.5cm

只穿过足部内侧的不织布

尾巴

像缝纽扣一样，把线绕3～4次后，缝合固定

●制作完成●

约6cm

78

46 床

材料：实物大小纸样参考83页
・不织布
（水蓝色、灰蓝色）各20cm×10cm
・25号刺绣线
（水蓝色、灰蓝色）各少许
・手工用胶水

● 制作方法 ●

1.把两色不织布合在一起，侧面缝合。

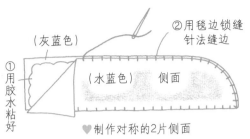

①用胶水粘好
（灰蓝色）
②用毯边锁缝针法缝边
（水蓝色） 侧面

♥制作对称的2片侧面

2.把2片侧面缝合。

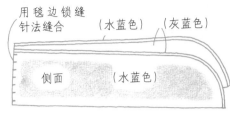

用毯边锁缝针法缝合
（水蓝色）（灰蓝色）
侧面 （水蓝色）

3.把2片合在一起，与底面缝合。

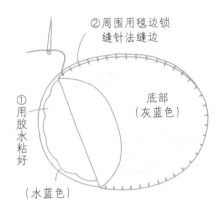

②周围用毯边锁缝针法缝边
①用胶水粘好
底部（灰蓝色）
（水蓝色）

4.把底面和侧面缝合。

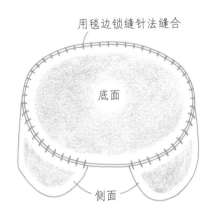

用毯边锁缝针法缝合
底面
侧面

● 制作完成 ●

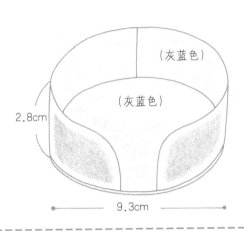

（灰蓝色）
（灰蓝色）
2.8cm
9.3cm

---

51 玩具盒

材料：实物大小纸样参考84页
・不织布
（黄绿色）20cm×10cm
・25号刺绣线
（黄绿色、水蓝色）各少许
・手工用胶水

2.制作侧面A和侧面B。

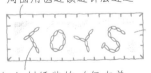

周围用毯边锁缝针法缝边
侧面A

加入刺绣装饰（仅在单面作装饰）

侧面B
周围用毯边锁缝针法缝边

● 制作方法 ●

1.把2片合在一起，缝合底面。

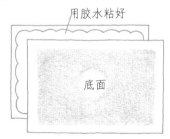

用胶水粘好
底面

底面
周围用毯边锁缝针法缝边

3.组装盒子。

侧面B
侧面A
底面
用毯边锁缝针法缝合

● 制作完成 ●

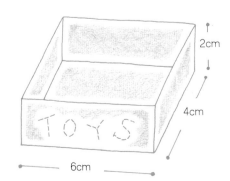

2cm
4cm
6cm

52 牵引绳

材料：实物大小纸样参考84页
・不织布
（柠檬色）20cm×5cm
（白色）5cm×5cm
・25号刺绣线
（柠檬色、白色）各少许

实物大小纸样参考84页

2.给牵引绳的周围缝边，做成领结状。

①周围用毯边锁缝针法缝边
牵引绳
②把两端缝在中心位置上

4.把牵引绳的中心位置和把手缝合在一起。

与把手缝合在一起
牵引绳
把手

● 制作方法 ●
1.给装饰的周围缝边。

装饰
周围用毯边锁缝针法缝边

3.给把手的周围缝边，做一个圈。

①周围用毯边锁缝针法缝边
3cm
对折
②缝合固定
把手

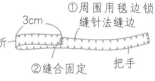

● 制作完成 ●
5.把装饰安在中心位置。

约8.5cm
把装饰缝合

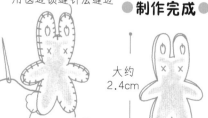

---

53 漂亮小包

材料：实物大小纸样参考84页
・不织布
（柠檬色）5cm×10cm
（黄色）10cm×5cm
・25号刺绣线
（柠檬色、黄色、水蓝色）各少许

2.对折，把两侧缝合。

两侧用毯边锁缝针法缝合两侧
包
对折

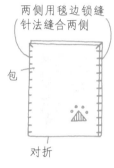

3.给把手的周围缝边。

把手
周围用毯边锁缝针法缝边

● 制作方法 ●
1.加入刺绣装饰，给入口处缝边。

用毯边锁缝针法给入口处缝边
缎缎绣针法
包
法国结针法
毯边锁缝针法

● 制作完成 ●
4.安把手。

缝合把手
3.9cm
3cm

---

50 兔子

材料：实物大小纸样参考84页
・不织布
（粉红色）10cm×5cm
・25号刺绣线
（粉红色、黑色、深粉红色）各少许
・棉花（木棉）少许

● 制作方法 ●
1.加入刺绣装饰。

直线针法
雏菊绣针法
兔子

2.给周围缝边，填入棉花。

用毯边锁缝针法缝边
填入棉花
兔子

● 制作完成 ●

大约2.4cm

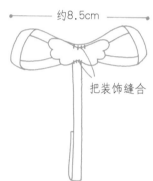

---

49 骨头

材料：实物大小纸样参考84页
・不织布
（紫色）5cm×5cm
・25号刺绣线
（紫色）少许
・棉花（木棉）少许

2.给周围缝边，填入棉花。

填入棉花
骨头
周围用毯边锁缝针法缝边

● 制作方法 ●
1.加入刺绣装饰。

直线针法
骨头

● 制作完成 ●

4cm

54 狗粮袋

材料：实物大小纸样参考84页
- 不织布
  （蓝色）15cm×5cm
  （黄色、白色）各5cm×5cm
- 25号刺绣线
  （蓝色、白色、黄色、黑色、红色）各少许
- 棉花（木棉）少许
- 手工用胶水

●制作方法●

1. 给标签加入刺绣装饰。

回针法

DOG FOOD

标签

2. 给狗的贴花加入刺绣装饰。

法国结针法　雏菊绣针法

狗

3. 把标签和狗缝上。

直线针法

NEW DOG FOOD

狗粮

皱褶　皱褶

0.5cm

用毯边锁缝针法缝合

4. 底面做出皱褶。

NEW DOG FOOD

狗粮

底面的中央

做出皱褶

5. 填入棉花，把狗粮袋的周围缝边。

棉花

NEW DOG FOOD

周围缝边用毯边锁缝针法

填入棉花，让袋子的下侧更膨胀一些

●制作完成●

NEW DOG FOOD

4.5cm

5.5cm

---

55 狗粮盆

材料：实物大小纸样参考84页
- 不织布
  （黄色）20cm×5cm
- 25号刺绣线
  （黄色、水蓝色）各少许
- 手工用胶水

●制作方法●

1. 把2片底面粘好，周围缝边。

①用胶水粘好

底面

②用毯边锁缝针法缝边

2. 侧面加入刺绣装饰，周围缝边。

法国结针法

侧面

用毯边锁缝针法缝边

绸缎绣针法

3. 把侧面缝合，做成圈状。

用毯边锁缝针法缝合

侧面　对折

4. 把盘子和底面缝合。

底面

侧面

用毯边锁缝针法缝合

●制作完成●

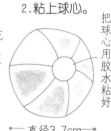

直径3.5cm

---

45 衣架

材料（2个的量）：实物大小纸样参考83页
- 不织布
  （粉红色、黄绿色）各5cm×5cm
- 25号刺绣线
  （粉红色、黄绿色）各少许
- 手工用胶水

●制作方法●

1. 把2片衣架用胶水粘好。

同颜色的2片用胶水粘好

衣架

2. 给周围缝边。

衣架

把2片衣架一起用毯边锁缝针法缝边

●制作完成●

5cm

---

48 玩具球

材料：实物大小纸样参考84页
- 不织布
  （红色、黄色、水蓝色）各5cm×5cm
- 25号刺绣线
  （黄色）少许
- 棉花（木棉）少许
- 手工用胶水

1. 把6片球缝合，填入棉花。

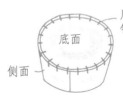

（水蓝色）
（红色）
球
用毯边锁缝针法缝合

用毯边锁缝针法把6片缝合起来

（黄色）
填入棉花
（红色）
（水蓝色）
（黄色）
（水蓝）色）
（黄色）
（红色）

2. 粘上球心。

把球心用胶水粘好

直径3.7cm

57 帽子

●制作方法●

1.互相交替两种颜色，把4片帽子缝合在一起。

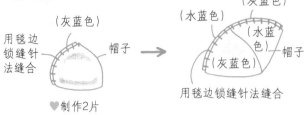

（灰蓝色）　（水蓝色）　（灰蓝色）
用毯边锁缝针法缝合
（灰蓝色）
（水蓝色）
帽子
用毯边锁缝针法缝合
♥制作2片

2.缝出帽顶。

用毯边锁缝针法缝制出帽顶部分
背面
帽子（正面）

3.把帽口针脚缝得粗一些，然后拉紧线。

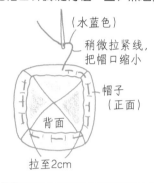

（水蓝色）
稍微拉紧线，把帽口缩小
帽子（正面）
背面
拉至2cm

4.把帽檐安在帽子上。

帽边
用毯边锁缝针法缝边

用毯边锁缝针法缝合帽檐
（背面）
帽子（正面）

●制作完成●

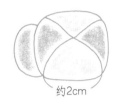

约2cm

---

56 披肩

●制作方法●

1.把披肩的周围缝边，安上纽扣。

周围用毯边锁缝针法缝边
用毯边锁缝针法缝好纽扣

2.把装饰边安在披肩的外侧。

③外侧用毯边锁缝针法缝边
装饰边
披肩
②内侧用毯边锁缝针法缝合
①把装饰边放在披肩的外侧

●制作完成●

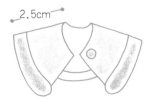

2.5cm

---

47 垫子

●制作方法●

1.缝制四角。

以对角线进行对折
用毯边锁缝针法缝合
垫子
再以另一侧对角线进行对折
垫子
用毯边锁缝针法缝合

2.加入刺绣装饰。

回针法
垫子
♥制作2片

3.把2片合在一起，周围缝边。

把2片合在一起，用毯边锁缝针法缝合
填入棉花
垫子

●制作完成●

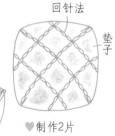

4.6cm
4.6cm

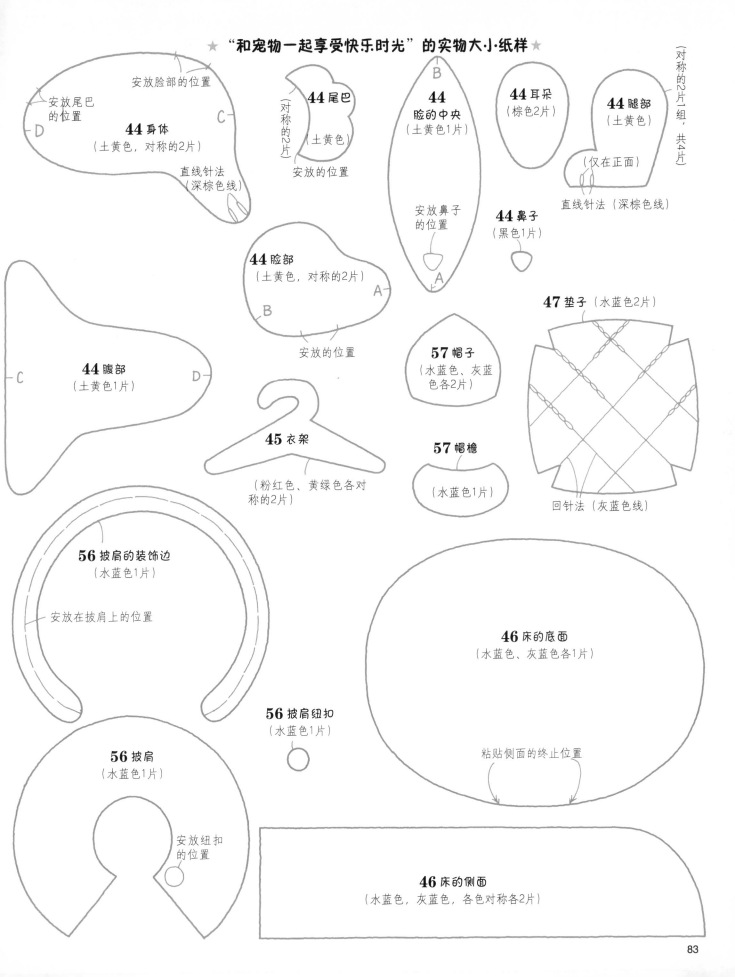

安放尾巴的位置

安放脸部的位置

44 身体
（土黄色，对称的2片）

直线针法
（深棕色线）

〔对称的2片〕

44 尾巴
（土黄色）

安放的位置

B

44
脸的中央
（土黄色1片）

安放鼻子的位置

A

44 耳朵
（棕色2片）

44 腿部
（土黄色）

〔对称的2片1组，共4片〕

（仅在正面）

直线针法（深棕色线）

44 鼻子
（黑色1片）

C

44 腹部
（土黄色1片）

D

44 脸部
（土黄色，对称的2片）

B

安放的位置

57 帽子
（水蓝色、灰蓝色各2片）

47 垫子 （水蓝色2片）

45 衣架

（粉红色、黄绿色各对称的2片）

57 帽檐
（水蓝色1片）

回针法（灰蓝色线）

56 披肩的装饰边
（水蓝色1片）

安放在披肩上的位置

56 披肩纽扣
（水蓝色1片）

46 床的底面
（水蓝色、灰蓝色各1片）

粘贴侧面的终止位置

56 披肩
（水蓝色1片）

安放纽扣的位置

46 床的侧面
（水蓝色，灰蓝色，各色对称各2片）

★ "和宠物一起享受快乐时光"的实物大小·纸样 ★

（黄色1片）

53 漂亮小包的把手

54 狗粮袋的狗形贴花
（白色1片）
法国结针法（黑色线）
雏菊绣针法（黑色线）

49 骨头（紫色2片）
直线针法（紫色线）

安把手的位置
法国结针法（水蓝色线）
绸缎绣针法（水蓝色线）
折痕

雏菊绣针法（深粉红色）
50 兔子（粉红色2片）
直线针法（黑色线）

48 玩具球的中心
（黄色2片）

54 狗粮袋的标签
（黄色1片）
DOG FOOD
回针法（黑色线）

52 牵引绳（柠檬色一片）

53 漂亮小包（柠檬色1片）
安把手的位置

48 玩具球的一片
（红色、黄色、水蓝色各2片）

55 狗粮盆的底部（黄色2片）

直线针法（红色线）
NEW
安标签的位置
底面的中央
皱褶   皱褶

52 牵引绳（柠檬色一片）

55 狗粮盆的侧面（黄色1片）
绸缎绣针法（水蓝色线）
法国结针法（水蓝色线）

51 玩具盒的侧面A（黄绿色2片）
TOYS
回针法（水蓝色线）

52 牵引绳的装饰（白色1片）

54 狗粮袋（蓝色1片）

51 玩具盒的底面（黄绿色2片）

51 玩具盒的侧面B（黄绿色2片）

84

61 报春花

材料（2个的量）：实物大小纸样参考92页

- 不织布
（浅棕色、绿色）各20cm×20cm
（深棕色）10cm×5cm
（粉红色、红色、黄色）各5cm×5cm
- 25号刺绣线
（浅棕色、绿色、深棕色、粉红色、红色、黄色、黄绿色）各少许
- 棉花（木棉）少许
- 手工用胶水

●制作方法●

1.制作花盆侧面。

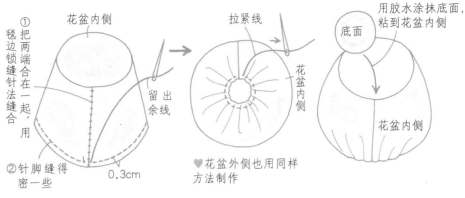

① 把两端合在一起，用毯边锁缝针法缝合
② 针脚缝得密一些
0.3cm
花盆内侧
留出余线
❤花盆外侧也用同样方法制作

2.给花盆内侧安上底面。

用胶水涂抹底面，粘到花盆内侧
底面
拉紧线
花盆内侧
花盆内侧
❤花盆外侧也用同样方法制作

3.填入棉花，缝好泥土的部分。

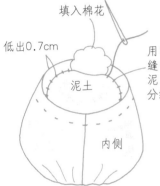

填入棉花
低出0.7cm
泥土
内侧
用毯边锁缝针法把泥土的部分缝合

4.套上花盆外侧，缝合。

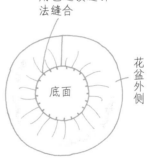

把2片合在一起，用毯边锁缝针法缝合
花盆内侧
花盆外侧

5.给花盆外侧安上底面。

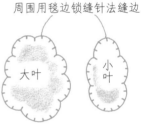

用毯边锁缝针法缝合
底面
花盆外侧

6.制作叶子。

周围用毯边锁缝针法缝边
大叶
小叶

7.制作花朵。

周围用毯边锁缝针法缝边
外花

① 用毯边锁缝针法把内花缝在中心
内花
② 用直线针法透过外花缝合
外花

8.安放大叶。

大叶
花盆外侧
大叶
大叶
大叶
把大叶缝在泥土的中心位置

9.安放小叶。

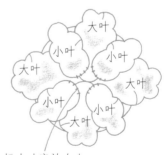

大叶
小叶
大叶
小叶
大叶
小叶
大叶
小叶
大叶
把小叶安放在大叶之间，缝合

10.安放小花。

把花安在中央位置，花瓣的外侧缝合

●制作完成●

约4.5cm

58 仙人掌A

材料：实物大小纸样参考91页
- 不织布
（棕色）20cm×15cm
（绿色）10cm×10cm
（深粉红色、黄色、水蓝色）各5cm×5cm
- 25号刺绣线
（棕色、绿色、水蓝色、黄色、深粉红色、乳白色）各少许
- 棉花（木棉）少许
- 手工用胶水

●制作方法●

1. 把花盆内侧缝制成圈状。

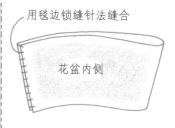

用毯边锁缝针法缝合

花盆内侧

2. 给花盆内侧安上底面。

花盆内侧

底面

用毯边锁缝针法缝合

5. 在花盆的上部套上花盆外围，用毯边锁缝针法缝合。

②3片一起用毯边锁缝针法缝边

花盆内侧

泥土

③法缝边锁缝针

花盆上部

花盆上部

花盆外围

①套在花盆的上部，用毯边锁缝针法缝合

4. 缝制花盆外围，并安装底面。

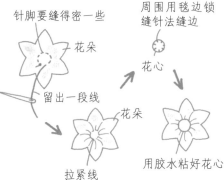

花盆内侧

泥土

②套在外面

①用毯边锁缝针法把花盆外围缝制成圈状

③底部的周围用毯边锁缝针法缝合

3. 把泥土部分安到花盆内侧，填入棉花。

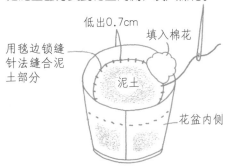

低出0.7cm

填入棉花

用毯边锁缝针法缝合泥土部分

泥土

花盆内侧

●制作完成●

9. 把仙人掌缝到土上。

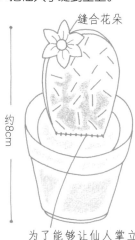

缝合花朵

约8cm

为了能够让仙人掌立住，从前后开始缝

6. 把2片仙人掌合在一起缝边，填入棉花。

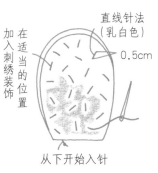

把2片毯边锁缝针法合在一起，用毯边锁缝针法缝边

仙人掌

填入棉花

7. 加入仙人掌刺的刺绣装饰。

在适当的位置加入刺绣装饰

直线针法（乳白色）

0.5cm

从下开始入针

8. 制作花朵。

针脚要缝得密一些

花朵

留出一段线

拉紧线

花朵

周围用毯边锁缝针法缝边

花心

花心

用胶水粘好花心

---

59 仙人掌B

材料：实物大小纸样参考91页
- 不织布
（棕色）20cm×15cm
（橄榄绿色）10cm×10cm
（粉红色、深棕色）各5cm×5cm
- 25号刺绣线
（棕色、橄榄绿色、粉红色、深棕色、乳白色）各少许
- 棉花（木棉）少许
- 手工用胶水

●制作方法●

1. 加入仙人掌刺的刺绣装饰。

（乳白色）

仙人掌

用刺绣线来做仙人掌刺

♥制作2片

●仙人掌刺的制作方法●

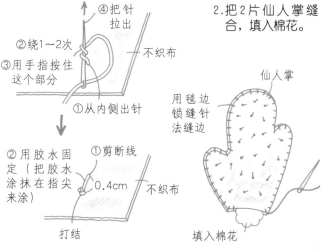

④把针拉出

②绕1~2次

③用手指按住这个部分

①从内侧出针

不织布

②用胶水固定（把胶水涂抹在指尖来涂）

①剪断线

0.4cm

不织布

打结

2. 把2片仙人掌缝合，填入棉花。

仙人掌

用毯边锁缝针法缝边

填入棉花

3. 制作石头。

用毯边锁缝针法缝边

石头

填入棉花

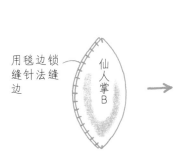

●制作完成●

4. 把仙人掌和石头缝在泥土上。

为了能够让仙人掌立住，从前后开始缝

仙人掌

约9cm

花盆的制作方法参考NO.58

60 多种仙人掌盆栽

材料：实物大小纸样参考92页

・不织布
（象牙白色）20cm×15cm
（橄榄绿色、绿色）各色15cm×5cm
（黄绿色、深棕色）各色10cm×5cm
（红色、灰色）各色5cm×5cm
・25号刺绣线
（象牙白色、蓝色、乳白色、绿色、灰色、橄榄绿色、黄绿色、红色、深棕色）各少许
・棉花（木棉）少许
・手工用胶水

●制作方法●

1. 制作仙人掌A。

把2片合在一起，用胶水粘好

仙人掌A

周围用毯边锁缝针法缝边

仙人掌A

♥制作3片

2. 制作仙人掌B。

用毯边锁缝针法缝边

仙人掌B

填入棉花

把6片缝合在一起

仙人掌B

加入适当的仙人掌刺的刺绣装饰

仙人掌B

直线针法（乳白色线）

0.5cm

仙人掌A

对折

下侧缝合固定

3. 制作仙人掌C。

仙人掌C

对折

给两侧的不织布各一半涂抹胶水

仙人掌C

贴好的不织布，用毯边锁缝针法缝边

仙人掌C

♥制作3片

●制作完成●

约8.5cm

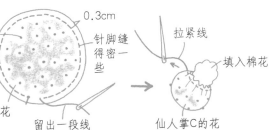

把各个仙人掌缝在土上

4. 制作仙人掌C的花。

用法国结针法（乳白色线）加入适当的刺绣装饰

0.3cm

针脚缝得密一些

拉紧线

填入棉花

仙人掌C的花

留出一段线

仙人掌C的花

5. 安放花。

仙人掌C

把花缝合

♥花盆的制作方法参考NO.64

63 常春藤

材料：实物大小纸样参考92页
- 不织布
（棕色）20cm×15cm
（深棕色）5cm×5cm
（黄绿色、乳白色）各20cm×5cm
（橄榄绿色、绿色、巧克力色）各10cm×5cm
- 25号刺绣线
（棕色、深棕色、巧克力色、黄绿色、绿色、橄榄绿色、乳白色）各少许
- 棉花（木棉）少许
- 手工用胶水

1．把大、中、小叶子缝边。

周围用毯边锁缝针法缝边

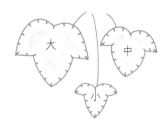

大

中

小

2．把各片叶子用胶水粘好，制作出叶子A～D需要的片数。

叶子A（4片）　　叶子B（3片）

中　　　大　　　中　　　大
（橄榄绿色）（黄绿色）　（绿色）（黄绿色）

叶子C（5片）　　叶子D（7片）

中　　　　　　中
（乳白色）　　（乳白色）

小（橄榄绿色）　　小（绿色）

3．制作枝干。

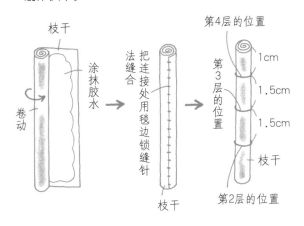

枝干

涂抹胶水

卷动

把连接处用毯边锁缝针法缝合

第4层的位置

1cm

第3层的位置

1.5cm

1.5cm

枝干

第2层的位置

枝干

4．安放枝干。

枝干

把枝干安在泥土的中心位置，为了能够立起来，把枝干底部周围缝合固定

泥土

♥花盆的制作方法参考86页

5．把各片叶子缝在枝干指定的位置上。

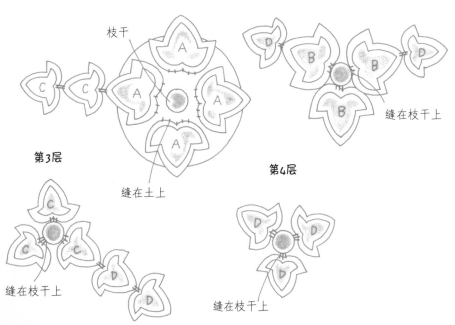

第1层

枝干

A

A　　　A

A

第2层

D　　　　　　D

B　　　B

B

缝在枝干上

第3层

C

C　　　C

缝在枝干上

D

D

第4层

D　　D

D

缝在枝干上

缝在土上

●制作完成●

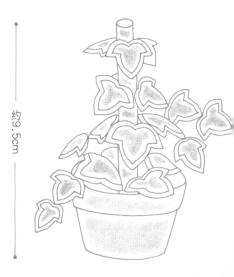

约9.5cm

64 幸福树

材料：实物大小纸样参考90页
・不织布
（象牙白色）20cm×10cm
（绿色）20cm×15cm
（巧克力色）10cm×5cm
（米色）10cm×10cm
（深棕色）5cm×5cm
・25号刺绣线
（象牙白色、绿色、巧克力色、米色、深棕色、粉红色、黄绿色）各少许
・棉花（木棉）少许
・手工用胶水

●制作方法●

1.把花盆内侧的两侧缝合。

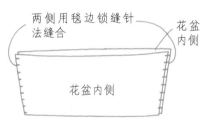

两侧用毯边锁缝针法缝合
花盆内侧
花盆内侧

2.给花盆内侧安底。

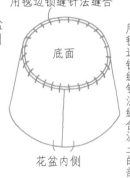

用毯边锁缝针法缝合
底面
花盆内侧

3.给花盆内侧填入棉花，缝合泥土部分。

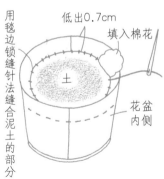

用毯边锁缝针法缝合泥土的部分
低出0.7cm
填入棉花
土
花盆内侧

4.把花盆外侧的两侧缝合。

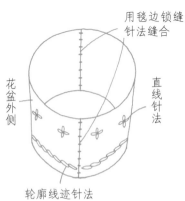

用毯边锁缝针法缝合
花盆外侧
直线针法
轮廓线迹针法

5.把花盆外侧套在内侧外面，缝合。

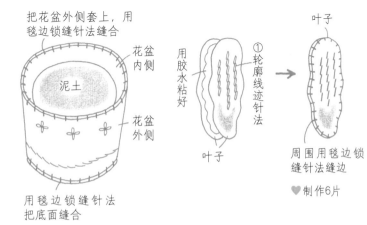

把花盆外侧套上，用毯边锁缝针法缝合
花盆内侧
泥土
花盆外侧
用毯边锁缝针法把底面缝合

6.制作叶子。

叶子
用胶水粘好
①轮廓线迹针法
叶子
周围用毯边锁缝针法缝边

♥制作6片

7.制作树干。

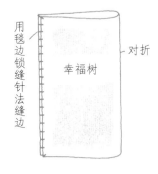

用毯边锁缝针法缝边
幸福树
对折

8.制作切口。

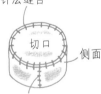

②用毯边锁缝针法缝合
切口
侧面
①用毯边锁缝针法缝成圈状

9.把棉花填入树干中。然后把切口套在大树干上方缝合。

套上切口
用毯边锁缝针法缝合
约10.5cm
填入棉花

●制作完成●

10.缝好叶子，把树干安在泥土上。

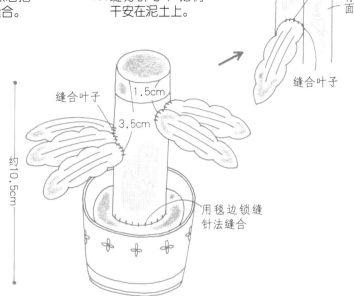

4cm
背面
缝合叶子
缝合叶子
1.5cm
3.5cm
用毯边锁缝针法缝合

62 竹子

材料（3根的量）：实物大小纸样参考91页
・不织布
（黄绿色）20cm×10cm
（深绿色、橄榄绿色）各10cm×5cm
（乳白色）各5cm×5cm
・25号刺绣线
（黄绿色、深绿色、橄榄绿色、乳白色）各少许
・手工用胶水

● 制作方法 ●

1. 制作竹子。

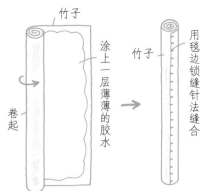

竹子
竹子
涂上一层薄薄的胶水
卷起
用毯边锁缝针法缝合

2. 竹节部分用刺绣线来制作。

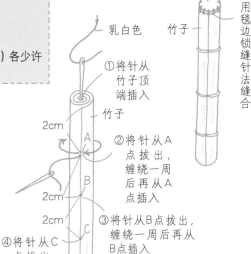

乳白色
①将针从竹子顶端插入
竹子
②将针从A点拔出，缠绕一周后再从A点插入
2cm
A
③将针从B点拔出，缠绕一周后再从B点插入
2cm
B
④将针从C点拔出，缠绕一周后再从C点插入
2cm
C
⑤从底端将针拔出并缝合

3. 缝贴切口。

切口
竹子
用毯边锁缝针法缝合

4. 缝贴叶子。

周围毯边锁缝针法缝边
大叶
①用胶水将小叶粘好
②用毯边锁缝针法缝合
大叶

♥制作9片

● 制作完成 ●

5. 安放叶子。

约7.5cm
把叶子缝在适当的位置上

---

64 花盆里的泥土
（深棕色1片）

64 盆底
（白色1片）

64 切口
（巧克力色1片）

★"窗边的小·盆景"的实物大小·纸样★

64 切口的侧面（巧克力色1片）

64 幸福树
（米色1片）
上
下

直线针法（粉红色线）
64 花盆外侧（象牙白色2片）
轮廓线迹针法（粉红色线）

64 花盆内侧（象牙白色2片）
放入泥土的位置

64 叶子
（绿色12片）
轮廓线迹针法（黄绿色）

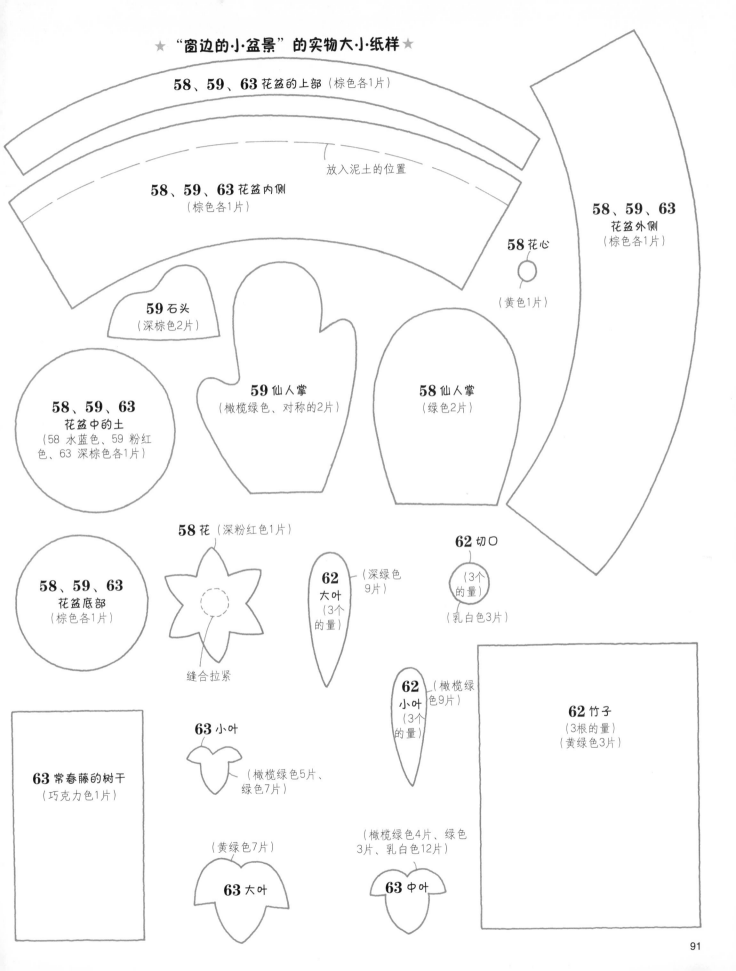

★ "窗边的小·盆景" 的实物大小·纸样 ★

58、59、63 花盆的上部（棕色各1片）

放入泥土的位置

58、59、63 花盆内侧
（棕色各1片）

58、59、63
花盆外侧
（棕色各1片）

58 花心

（黄色1片）

59 石头
（深棕色2片）

58、59、63
花盆中的土
（58 水蓝色、59 粉红
色、63 深棕色各1片）

59 仙人掌
（橄榄绿色、对称的2片）

58 仙人掌
（绿色2片）

58 花 （深粉红色1片）

62 切口

（3个
的量）

（乳白色3片）

58、59、63
花盆底部
（棕色各1片）

62
大叶
（3个
的量）

（深绿色
9片）

缝合拉紧

62
小叶
（3个
的量）

（橄榄绿
色9片）

62 竹子
（3根的量）
（黄绿色3片）

63 常春藤的树干
（巧克力色1片）

63 小叶

（橄榄绿色5片、
绿色7片）

（黄绿色7片）

63 大叶

（橄榄绿色4片、绿色
3片、乳白色12片）

63 中叶

61 花盆外侧
（浅棕色2片）
（2个的量）

61
小叶
（绿色8片）
（2个的量）

61 外花
（红色4片、
粉红色4片）
（2个的量）

61 内花
（2个的量）（黄色8片）

上

直线针法（黄绿色线）

61
花盆底部
（浅棕色4片）
（2个的量）

61 花盆内侧
（浅棕色2片）
（2个的量）

放入泥土的位置

61 花盆中的泥土
（2个的量）
（深棕色2片）

61 大叶
（2个的量）
（绿色8片）

60 石头
（灰色）
对称的2片

60
仙人掌A
（橄榄绿色
6片）

60
仙人掌C
（黄绿
色3片）
折痕

60
仙人掌C的花
（红色1片）

60
仙人掌B
（绿色6片）

60 花盆底部
（象牙白色1片）

60 花盆外侧（象牙白色2片）

直线针法（蓝色线）

轮廓线迹针法（蓝色线）

60 土
（深棕色1片）

放入泥土的位置

60 花盆内侧
（象牙白色2片）

68 巧克力蛋挞

材料：实物大小纸样参考100页
- 不织布
  （棕色）15cm×10cm
  （深棕色）各5cm×5cm
- 25号刺绣线
  （棕色）少许
- 棉花（木棉）少许
- 手工用胶水

3.将侧面与底部缝合。

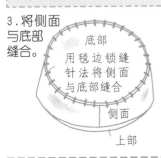

底部
用毯边锁缝针法将侧面与底部缝合
侧面
上部

●制作方法●

1.将侧面缝合成圈状。

将2片合在一起，用毯边锁缝针法缝合

侧面

4.在上面将蛋挞的配料用胶水交叉粘好。

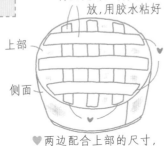

将蛋挞的配料交叉叠放，用胶水粘好

上部
侧面

♥两边配合上部的尺寸，剪掉多余部分

5.把蛋挞的侧面套上，缝合。

蛋挞的侧面

侧面

①用胶水粘好
②重叠套上，用毯边锁缝针法缝合

2.把上部和侧面缝合一起，填入棉花。

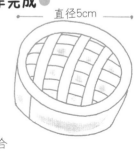

上部
用毯边锁缝针法将上部与侧面缝合

侧面

填入棉花

●制作完成●

直径5cm

---

69 水果蛋挞

材料：实物大小纸样参考100页
- 不织布
  （浅棕色）15cm×10cm
  （红色、紫红色、紫色）各5cm×5cm
- 大号圆珠子（淡蓝色系）5颗
- 25号刺绣线
  （浅棕色、紫红色、粉红色、红色）各少许
- 棉花（木棉）少许
- 手工用胶水

2.蛋挞的底座部分参考NO.68。把草莓、蓝莓球安放在上部。

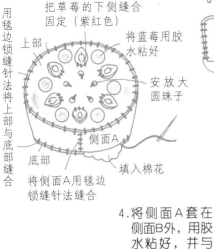

用毯边锁缝针法将上部与底部缝合
上部
把草莓的下侧缝合固定（紫红色）
将蓝莓用胶水粘好
安放大圆珠子
侧面A
底部
将侧面A用毯边锁缝针法缝合
填入棉花

4.将侧面A套在侧面B外，用胶水粘好，并与底部缝合。

●制作方法●

1.制作草莓。

草莓
雏菊绣针法（粉红色线1根）
♥制作出6个草莓刺绣图案
将没有刺绣的材料合在一起，用毯边锁缝针法缝合

3.将侧面B缝合成圈状。

侧面B
把2片合在一起，用毯边锁缝针法缝合

●制作完成●

直径约5cm

①将侧面A用胶水粘好
侧面B
②用毯边锁缝针法将底部缝合

---

72 指形巧克力泡芙

材料（2个的量）：实物大小纸样参考99页
- 不织布
  （棣棠色）10cm×10cm
  （深棕色、白色）各5cm×5cm
- 25号刺绣线
  （棣棠色、深棕色、黄色、黄绿色、粉红色、白色、紫色）各少许
- 棉花（木棉）少许
- 手工用胶水

●制作方法●

1.巧克力泡芙的边上针脚缝得密一些。

留出一段线
0.3cm
巧克力泡芙
针脚缝得密一些

2.填入棉花，把线拉紧至指定的大小。

●制作完成●

3.把巧克力叠放在上面，缝合。在白色巧克力上加入指定颜色的刺绣装饰。

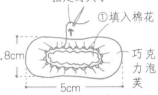

②把线拉紧至指定的大小
①填入棉花
巧克力泡芙
1.8cm
5cm

巧克力泡芙
①用胶水粘好
巧克力
②用毯边锁缝针法缝合固定
约5cm

白色巧克力泡芙
①用指定颜色加入适当的刺绣装饰
白色巧克力
②用胶水粘好
③用毯边锁缝针法缝合

65 小熊

65 材料：实物大小纸样参考98页
- 不织布
  - （棕色）20cm×15cm
  - （浅棕色）15cm×10cm
  - （深棕色）15cm×5cm
  - （薄荷绿色）10cm×10cm
- 直径0.6cm的纽扣2个（黄色）
- 圆珠子（3mm、黑色）2颗
- 25号刺绣线
  - （棕色、浅棕色、黄色、黑色、薄荷绿色）各少许
- 棉花（木棉）少许
- 手工用胶水

1.制作脸部，填入棉花。

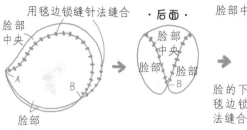

用毯边锁缝针法缝合　·后面·　脸部中央
脸部中央　脸部
脸部　A　B
脸的下侧用毯边锁缝针法缝合
填入棉花

2.制作耳朵。

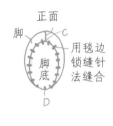

用毯边锁缝针法缝合
耳朵

3.把耳朵、鼻子、眼睛、嘴安放在脸上。

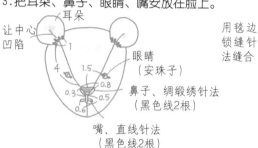

让中心凹陷
耳朵
眼睛（安珠子）
鼻子、绸缎绣针法（黑色线2根）
1　1.5　0.8　4　0.3　0.5　0.6
嘴、直线针法（黑色线2根）

4.制作身体，填入棉花。

用毯边锁缝针法缝合
身体
填入棉花

5.制作手臂，填入棉花。

用毯边锁缝针法缝合
手臂
填入棉花

6.制作腿部，填入棉花。

法缝合固定
用毯边锁缝针
腿部
填入棉花

7.缝制脚底。

正面
脚
C
脚底
用毯边锁缝针法缝合
D

8.制作帽子。

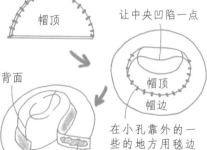

用毯边锁缝针法缝合
帽顶
背面
用胶水粘好装饰带

让中央凹陷一点
帽顶
帽顶
帽边
在小孔靠外的一些的地方用毯边锁缝针法缝合

9.将脸和身体缝合。把帽子戴在两耳之间偏后的位置，在看不到的地方进行缝合。

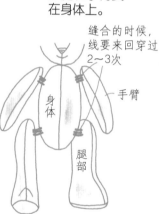

帽子
戴好帽子后缝合
脸部
脸和身体缝合在一起
身体

10.把腿和手臂安在身体上。

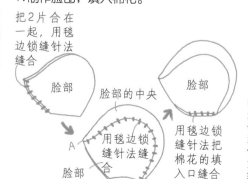

缝合的时候，线要来回穿过2~3次
身体
手臂
腿部

11.制作背心。

对折
背心
对齐腋下的位置，用毯边锁缝针法缝合
安上纽扣
背心
用毯边锁缝针法缝边（黄色线2根）

●制作完成●

约13cm

66 兔子

66 材料：实物大小纸样参考98页
- 不织布
  - （粉红色）15cm×15cm
  - （紫色）15cm×10cm
  - （白色）5cm×5cm
- 直径0.6cm的纽扣2个（粉红色）
- 圆珠子（3mm、黑色）2颗
- 25号刺绣线
  - （粉红色、深粉红色、棕色、紫色、黑色）各少许
- 棉花（木棉）少许

1.制作脸部，填入棉花。

把2片合在一起，用毯边锁缝针法缝合
脸部
脸部的中央
脸部
A
用毯边锁缝针法缝合
脸部
用毯边锁缝针法把棉花的填入口缝合
B
填入棉花

2.制作耳朵。

①把2片合在一起，用毯边锁缝针法缝合
耳朵
②内耳用毯边锁缝针法缝合
内耳

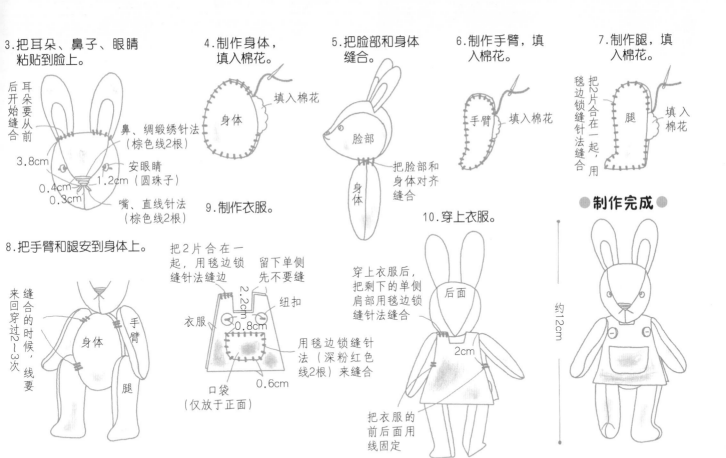

3.把耳朵、鼻子、眼睛粘贴到脸上。

后开始要从前
耳朵要从前开始缝合

3.8cm
0.4cm
0.3cm

鼻、缎缎绣针法
（棕色线2根）
安眼睛
1.2cm（圆珠子）
嘴、直线针法
（棕色线2根）

4.制作身体，填入棉花。

身体
填入棉花

5.把脸部和身体缝合。

脸部
身体
把脸部和身体对齐缝合

6.制作手臂，填入棉花。

手臂
填入棉花

7.制作腿，填入棉花。

把2片合在一起，用毯边锁缝针法缝合
腿
填入棉花

8.把手臂和腿安到身体上。

缝合的时候，线要来回穿过2～3次
身体
手臂
腿

9.制作衣服。

把2片合在一起，用毯边锁缝针法缝边
留下单侧先不要缝
2.2cm
纽扣
0.8cm
衣服
用毯边锁缝针法（深粉红色线2根）来缝合
口袋
（仅放于正面）
0.6cm

10.穿上衣服。

穿上衣服后，把剩下的单侧肩部用毯边锁缝针法缝合
后面
2cm
把衣服的前后面用线固定

● 制作完成 ●

约12cm

---

67 迎客牌

67 材料：实物大小纸样参考99页
· 不织布
（浅棕色）15cm×10cm
（紫红色）10cm×5cm
（白色、柠檬色）各5cm×5cm
· 厚纸10cm×5cm
· 25号刺绣线
（浅棕色、棕色、绿色、紫红色、黑色、深棕色、白色）各少许
· 手工用胶水

● 制作方法 ●

1.制作身体。

身体
把2片合在一起，用毯边锁缝针法缝合
身体
用胶水把厚纸粘好（仅粘于单侧）

2.穿上衣服。

这个阶段，前后分别用毯边锁缝针法缝合
身体
把2片衣服把身体部分夹在中间，用毯边锁缝针法缝合
用胶水粘好装饰
（绿色线2根）
十字绣针法

3.制作脸部和头部夹住身体缝合周围。

眼睛、法国结针法（黑色线2根）
脸部
用胶水粘好头部
用刺绣线（棕色线4根）编成4cm长的三股辫
头部
锁缝针法夹住身体，用毯边
把头部和脸部对齐
中心
从缝隙处出针，法国结针法（棕色线、3根）
0.8cm
0.8cm
这个阶段，头部和脸部分别用毯边锁缝针法缝合
约7cm

4.给欢迎牌单侧加入刺绣装饰。把2片合在一起，缝边。

把2片合在一起，用毯边锁缝针法缝边
法国结针法（黑色线2根）
Welcome
欢迎牌
直线针法（深棕色线2根）
回针法（深棕色线2根）

5.将身体部分安在欢迎牌上。制作底座。

把欢迎牌安在身体上
welcome
衣服
座粘好将2片底
为了能够让欢迎牌立住，从前后、两侧再缝合
底座
在下面的底座上用胶水粘好厚纸

● 制作完成 ●

6.将2片底座合在一起，缝边。

welcome
用毯边锁缝针法缝合

70 苹果派

●制作方法●

1.上面涂上胶水，将配料粘好。缝边的针脚要粗一些。

2.给上部填入棉花，拉紧线至直径5cm左右。把侧面缝成圈状，并安好底部，然后填入棉花，把上部放入侧面内，缝合处不要露出线头。

3.把上部与侧面缝合。

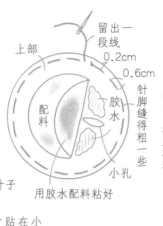

留出一段线
0.2cm
0.6cm
上部
配料
胶水
针脚缝得粗一些
小孔
用胶水配料粘好

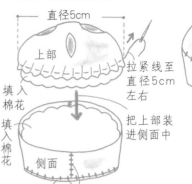

直径5cm
上部
拉紧线至直径5cm左右
填入棉花
填入棉花
把上部装进侧面中
侧面
底部　用毯边锁缝针法缝制

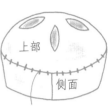

上部
侧面
从侧面开始用毯边锁缝针法缝合

♥底部和侧面的制作方法参考93页

4.给叶子加入刺绣装饰。苹果派的侧面贴13片叶子，小孔处贴3片。

●制作完成●

直径5cm

直线针法（芥末色线2根）
叶子

♥制作16片

叶子
3片贴在小孔之间
用13片叶子粘制镶边

---

73 脆皮松饼

●制作方法●

1.腰果和杏仁2片一组对齐，缝合。

腰果　　杏仁
把2片合在一起，用毯边锁缝针法缝边

♥各制作3个1组

2.把侧面缝制成圈状，安放底部。

②用毯边锁缝针法缝合
底部
①筒的上面用毯边锁缝针法缝合

3.在松饼的中央粘好腰果，安珠子。周围的针脚缝得粗一些。

用线来固定大圆珠子
留出一段线
0.5cm
0.4cm
松饼
（红色）
直径2.4cm
针脚缝得粗一些
把腰果用胶水粘好

♥巧克力松饼的杏仁也用同样的方法来制作

4.把棉花填入松饼中，拉紧线至直径2.7cm左右。给底座填入棉花，把松饼放入侧面内，缝合的时候不要露出线头。

●制作完成●

5.把松饼和侧面缝合。

樱桃松饼

巧克力松饼

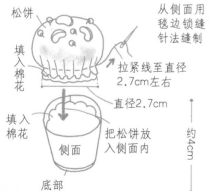

松饼
填入棉花
填入棉花
从侧面用毯边锁缝针法缝制
拉紧线至直径2.7cm左右
直径2.7cm
把松饼放入侧面内
侧面
底部
约4cm

---

74 蛋糕卷

●制作方法●

1.在侧面安好奶油。左右对称的制作2片。巧克力卷上则粘贴樱桃装饰。

・平面・
侧面
奶油
左右对称的用毯边锁缝针法缝合

・巧克力卷・

侧面
用胶水粘好樱桃
奶油

2.将本体缝制成筒状。

本体

用毯边锁缝针法缝制出筒状

3.向本体内填入棉花，并与侧面缝合。

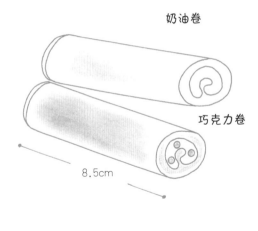

把本体和侧面用毯边锁缝针法缝合

侧面

本体

侧面

填入棉花

奶油卷

巧克力卷

8.5cm

---

71 奶油泡芙

71 材料（3个的量）：**实物大小纸样参考99页**
· 不织布
（棕棠色）20cm×15cm
（粉红色、白色、乳白色）各5cm×5cm
· 25号刺绣线
（棕棠色、粉红色、白色、乳白色）各少许
· 棉花（木棉）少许
· 手工用胶水

●制作方法●

1.外皮的周围针脚缝得粗一些。

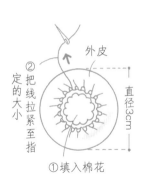

留出一段线

0.2cm

外皮

针脚缝得粗一些

0.4cm

2.填入棉花，把线拉紧至直径3cm左右。

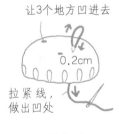

②把线拉紧至指定的大小

外皮

直径3cm

①填入棉花

3.在外皮的中央缝3个地方。拉紧线，让接缝的地方凹进去。（上面的是外皮）

让3个地方凹进去

0.2cm

拉紧线，做出凹处

♥制作3个

4.奶油的中心针脚要缝得密一些，拉紧线。

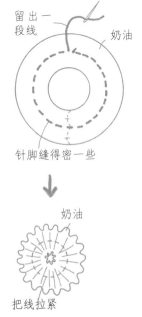

留出一段线

奶油

针脚缝得密一些

奶油

把线拉紧

5.把奶油缝在下面的外皮上。

下面的外皮

奶油

在偏离中心的位置缝合固定

6.把上面的外皮重叠起来缝合。

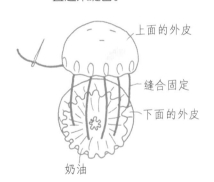

上面的外皮

缝合固定

下面的外皮

奶油

●制作完成●

7.把后面和上下外皮对齐缝合。

直径3.5cm

缝合外皮的时候，不要让奶油露出后面

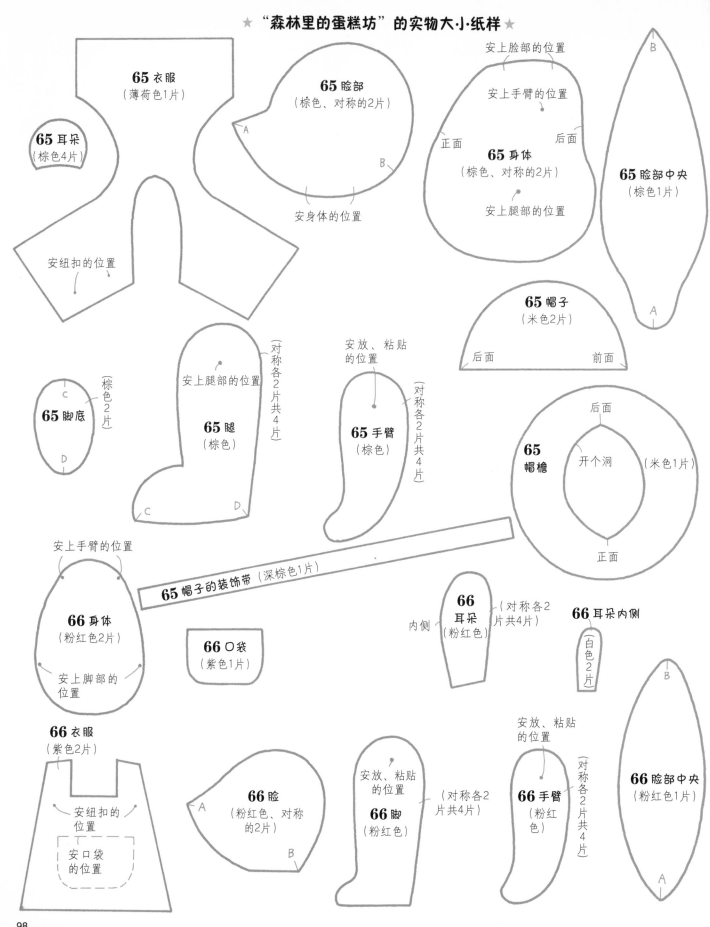

65 衣服
（薄荷色1片）

65 耳朵
（棕色4片）

安纽扣的位置

65 脸部
（棕色、对称的2片）

安身体的位置

安上脸部的位置

安上手臂的位置

正面　　后面

65 身体
（棕色、对称的2片）

安上腿部的位置

65 脸部中央
（棕色1片）

65 帽子
（米色2片）

后面　　　前面

（棕色2片）

65 脚底

C D

65 腿
（棕色）

安上腿部的位置

（对称各2片共4片）

安放、粘贴的位置

65 手臂
（棕色）

（对称各2片共4片）

后面

开个洞　（米色1片）

65 帽檐

正面

C D

安上手臂的位置

66 身体
（粉红色2片）

安上脚部的位置

65 帽子的装饰带（深棕色1片）

66 口袋
（紫色1片）

内侧

66 耳朵
（粉红色）

（对称各2片共4片）

66 耳朵内侧

（白色2片）

66 衣服
（紫色2片）

安纽扣的位置

安口袋的位置

A

66 脸
（粉红色、对称的2片）

B

安放、粘贴的位置

66 脚
（粉红色）

（对称各2片共4片）

安放、粘贴的位置

66 手臂
（粉红色）

（对称各2片共4片）

B

66 脸部中央
（粉红色1片）

A

★ "森林里的蛋糕坊"的实物大小·纸样 ★

法国结针法（棕色线3根）

法国结针法（黑色线2根）

67 装饰（柠檬色1片）
⊗
十字绣针法
（绿色2根）

安脸部的位置

法国结针
法（黑色
线2根）

脸部、头部
67
（浅棕色2片）

welcome

直线针法
（深棕色线2根）

67 欢迎牌
（白色2片）

67 身体
（浅棕色2片）

安放三股辫的位置

♥除了特殊指定外都使用回针法
（深棕色线2根）进行刺绣

67
身体的芯

（厚纸1片）

放上玩偶的位置

67 底座的芯
（厚纸1片）

67 底座（浅棕色2片）

71 外皮
（棠棠色6片）

安上装饰品的位置
（仅装饰正面）

67 衣服
（紫红色2片）

72 指形巧克力泡芙
（棠棠色2片）

71 奶油

开个洞

72 白巧克力

（白色1片）

72 巧克力
（深棕色1片）

（粉红色、白色、
乳白色各1片）

直线针法（深棕色、
粉红色、黄绿色、黄
色、紫色、2根）

70 配料
（棕色1片）

70 叶子

70 上部
（芥末色1片）

开个洞

70 底部
（芥末色1片）

（芥末色16片）

70 侧面

（芥末色2片）

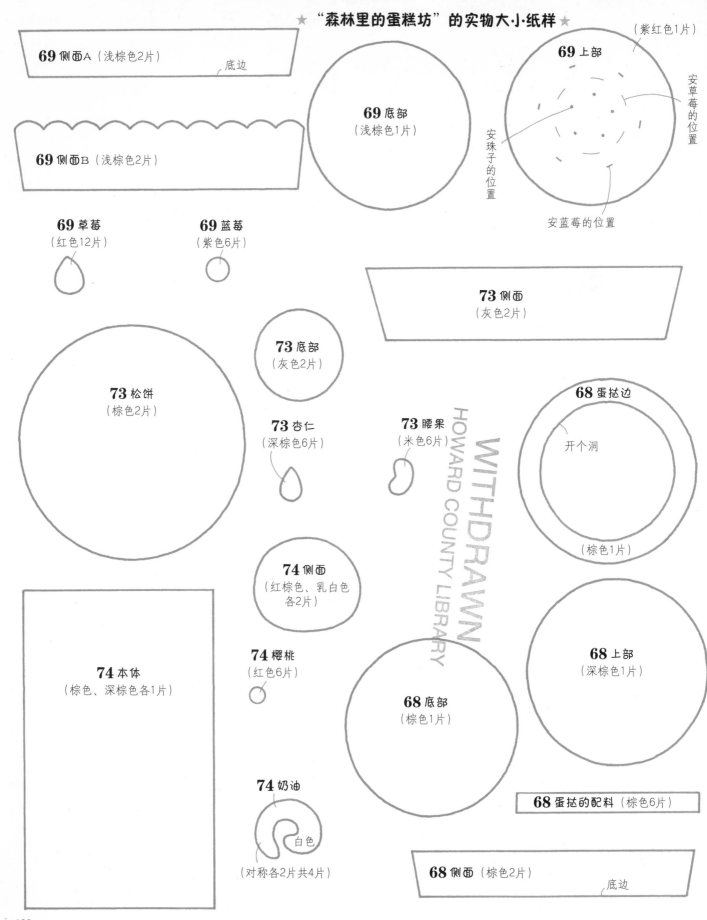

★ "森林里的蛋糕坊"的实物大小·纸样 ★

69 侧面A（浅棕色2片）　底边

69 侧面B（浅棕色2片）

69 底部（浅棕色1片）

69 上部（紫红色1片）

安草莓的位置

安珠子的位置

安蓝莓的位置

69 草莓（红色12片）

69 蓝莓（紫色6片）

73 侧面（灰色2片）

73 底部（灰色2片）

73 松饼（棕色2片）

73 杏仁（深棕色6片）

73 腰果（米色6片）

68 蛋挞边

开个洞

（棕色1片）

74 本体（棕色、深棕色各1片）

74 侧面（红棕色、乳白色各2片）

74 樱桃（红色6片）

68 上部（深棕色1片）

68 底部（棕色1片）

74 奶油

白色

（对称各2片共4片）

68 蛋挞的配料（棕色6片）

68 侧面（棕色2片）　底边